¡Cuéntame mucho!

a TPRS® Curriculum for Level 2 Spanish

by

Carol Gaab

Teri Abelaira

Kristy Placido

Illustrated by

Tony Papesh
Robert Matsudaira
Chelsea Shreve

Acknowledgments

Endless thanks and gratitude to my husband, Pat, for his unfailing love and encouragement. Without him, this book would not have been possible.

With eternal love and appreciation for my children, Tyler, Katie and Jamie, for their patience, support and invaluable insight as second language learners.

Special thanks to my mom, whose help, support and love helped me to complete this project (and many others...)

From Kristy, to my husband, Brad, for his continuing love and support, and to Justin for being my sweet little inspiration.

A thousand thanks to our budding artists: Tony Papesh, Bobby Matsudaira, and Chelsea Shreve.

Many thanks to our contributing authors: Jeff Forney, Susan Block and Justo Lamas.

Eternal gratitude to our editor, Teri Abelaira!

A special thank you to Justo Lamas for sharing his talent, time, and culture with us. Justo contributed two of his "Notas Culturales" for publication in this book. Our students will never forget you.

Note: Justo Lamas is a fantastic singer from Buenos Aires, Argentina. Dedicated to bridging the gap between cultures, he travels the United States performing his incredible music for student groups. He brings new life to old favorites and lights up the stage with original hits. For information on purchasing a CD, video, poster, or to book a concert at your school, please visit **www.justo-lamas.net.**

P.O. Box 11624
Chandler, AZ 85248
800-TPRISFUN
Info@tprstorytelling.com
www.tprstorytelling.com

Table of Contents

Capítulo uno

Capítulo uno: ¡Pobre Pedro!
Vocabulario nuevo

Mini-cuento A

se tropieza/se tropezó

le falta/le faltaba

se pone triste/se puso triste

se cae/se cayó

lo más pronto posible

se rompe/se rompió

Mini-cuento B

día tras día, piensa en/pensaba en...

quiere/quería salir

se vuelve loco/se volvió loco

acompaña/acompañó

no la deja/no la dejó ir

se (le) acerca/se (le) acercó

Mini-cuento C

está/estaba roto[1]

está/estuvo tan alegre

se lastima/se lastimó

le duele/le dolía

le pone/le puso un yeso[2]

la mala noticia

Mini-cuento D

se queja/se quejó

trata/trató de impresionar

le presta/le prestó su coche

aprende/aprendió a manejar

acaba de/acabó de

le sale bien/le salió bien

Notes

[1] Está roto is used in Spain, while está quebrado is used in Mexico.

[2] El yeso is used in Latin America; la escayola is typical of Spain.

Mini-cuento A

se tropieza/se tropezó	le falta/le faltaba
se pone triste/se puso triste	lo más pronto posible
se cae/se cayó	se rompe/se rompió

Hay una muchacha que se pone triste si no tiene tarea. ¡A ella le encanta la tarea! Un día, la chica llegó de la escuela y no tenía tarea. Por eso, la pobre muchacha, se puso triste y exclamó: *"¿Qué voy a hacer? ¡No tengo tarea!"*. Aburrida, ella decidió hacer un pastel. ¡Qué buena idea!

Ella fue a preparar el pastel, pero había un problema: Necesitaba cuatro huevos y sólo tenía uno. Le faltaban tres huevos. Ella se puso triste y exclamó: *"¡Ay de mí! Me faltan tres huevos!"*. Como no pudo preparar un pastel en ese mismo momento, se puso más triste aún. Entonces decidió ir a la tienda para comprar los huevos.

Ella se fue a la tienda, corriendo lo más rápido posible. Corría como una loca y se tropezó. Se tropezó con un insecto grande, pero por suerte, no se cayó ni se rompió la pierna. Tres minutos después, llegó a la tienda y compró los huevos. Con los huevos en la mano, ella salió corriendo lo más rápido posible. Quería llegar a su casa lo más pronto posible para preparar el pastel. Corriendo como una loca, ella se tropezó. Esta vez, se tropezó con una roca y se cayó violentamente. Se cayó ella y ¡se cayeron los huevos! ¡Todos los huevos se rompieron!

La muchacha se puso más triste y por eso, empezó a llorar. Exclamó: *"¡Aún me faltan tres huevos! Ahora no puedo preparar un pastel"*. De repente, la muchacha tuvo una idea: Ella se levantó y se quitó un zapato. Agarró tres huevos del suelo y los metió en uno de sus zapatos. Con el zapato en la mano, ella corrió a la casa. Cuando llegó, preparó un pastel de chocolate y ¡se puso contenta!

Mini-cuento A: Versión #2

Yo soy una muchacha a la que le encanta el pastel. Mi pastel favorito es el de chocolate. Si quiero comer pastel y no puedo, me pongo triste. Un día **me di cuenta de**[1] que no había ni un sólo pedacito de pastel en toda la casa. Por supuesto, me puse triste, muy triste. Decidí ir a la cocina a preparar un pastel de chocolate. ¡Es mi favorito! Pero necesitaba veinticuatro huevos y sólo tenía nueve; me faltaban quince huevos. Claro, me puse más triste todavía. Entonces decidí ir a la tienda a comprar huevos.

Fui corriendo lo más rápido posible; ya que la clase de español (¡mi favorita!) iba a empezar pronto y **no** me la quería perder. Cuando llegué a la tienda, compré dos docenas de huevos; o sea, veinticuatro huevos, y me fui corriendo otra vez. Como iba corriendo lo más rápido posible, me tropecé y me caí al suelo. Me rompí un dedo, pero no me importó. Lo malo fue que los huevos se cayeron ¡y se rompieron todos!

Esta era mi situación: me faltaban quince huevos, me faltaba dinero y me faltaba tiempo. Desesperada, llamé al 911 y les expliqué mi situación. Pronto, llegó la ambulancia y...

[1]**I realized**

√ ¿Cómo responderías a estas preguntas si fueras la muchacha? (How would you respond to these questions if you were the girl?)

1. ¿Por qué te pusiste triste?

2. ¿Cuántos huevos te faltaban? ¿Cuántos huevos normalmente se necesita para preparar un pastel?

3. ¿Qué te importó más- que se te rompió un dedo o que se rompieron todos los huevos? Explícalo.

√ Escribe el final de esta historia como si tú fueras la muchacha. Utiliza un mínimo de cien palabras.

Minilectura cultural: Los huevos

El huevo es un alimento importante en la dieta diaria de hispanoamericanos y españoles. Con frecuencia está también presente en sus celebraciones. Es fácil encontrar gran variedad de recetas y formas sabrosas de preparar huevos en las casas de los hispanos.

A mediodía o por la noche, los huevos no faltan en la mesa hispana. Tampoco faltan en el refrigerador los huevos **duros**[1], tan convenientes cuando se tiene hambre y se quiere comer algo nutritivo lo más rápido posible. Sin embargo, en la tradición hispana, no es común comer huevos por la mañana como desayuno.

Durante **La Pascua**[2] también se comen huevos. Pero son huevos especiales. Son huevos de chocolate, pequeños o enormes, que los padres dan a los niños, y se comen el domingo de Resurrección. En Bolivia, se comen huevos de Pascua de hasta ¡cuatro kilos y medio! Dentro de los huevos hay sorpresas que fascinan a los niños. A la rosca de Pascua, el pastel típico de esta fiesta tan tradicional, tampoco le faltan como adorno de tres a cuatro huevos duros; aunque estos huevos que decoran el pastel, no se comen.

[1]hard-boiled [2]Easter

Mini-cuento A: Versión #3

√ Completa los espacios en blanco y crea tu propia versión de la historia.

Había una muchacha que quería entrar en una competencia de (1)__________. Se puso triste porque le faltaba dinero. No tenía suficiente dinero para participar en la competencia. Le faltaban (2)__________ dólares. Poco a poco, se puso más y más triste. Pero estaba muy interesada en participar en la competencia; por eso fue, lo más pronto posible, a (3)__________ con la intención de conseguir el dinero que le faltaba. Quería llegar lo más rápido posible e iba tan rápido, que se tropezó con un (4)__________ y se cayó. Se rompió la (5)__________. Por fin llegó a (6)__________, pero sólo consiguió (7)__________ dólares.

Se fue de allí lo más rápido posible porque todavía le faltaban (8)__________ dólares. Entonces se fue corriendo a (9)__________. En el camino se tropezó con un(a) (10)__________, aunque, por suerte, no se cayó. Continuó corriendo y se tropezó de nuevo, pero esta vez, sí se cayó. Se rompió el (11)__________. Por fin llegó allí, pero sólo consiguió (12)__________ dólares. Todavía le faltaban (13) __________ dólares.

Desesperada, fue corriendo a (14)__________. No se tropezó, ni se cayó, pero todavía andaba con la (15)__________ rota y con el (16)__________ roto. Consiguió (17)__________ dólares y desde allí, continuó corriendo lo más rápido posible para llegar a la competencia a tiempo. Pero ¡ay!, mientras corría, se tropezó con un(a) (18) __________, ¡se cayó y se golpeó con mucha fuerza! Vino una ambulancia para llevarla al hospital. En el hospital, el doctor la examinó y la pobre muchacha tuvo que pagarle (19)__________ dólares. La pobre muchacha no pudo participar en la competencia porque le faltaba dinero e incluso le faltó tiempo para llegar antes de que empezara. ¡La muchacha se puso muy triste!

Mini-cuento B

día tras día piensa/pensaba en	acompaña/acompañó
quiere/quería salir	no la deja/dejó ir
se vuelve loco/se volvió loco	se acerca/se (le/me) acercó

Había una muchacha un poco traviesa. A ella le encantaban los muchachos y ella quería salir con chicos más que con chicas. Esperaba el día de su primera cita. Se volvía loca pensando en ello. En realidad, eso era todo lo que podía hacer: pensar y pensar... porque sus padres creían que era muy joven todavía y no la dejaban salir sola con un muchacho.

A Ana le gustaba mucho un muchacho que se llamaba Guillermo. Día tras día, Ana pensaba en Guillermo. Día tras día pensaba en cómo sería su primera cita con él. Ana pensaba en Guillermo 961 (novecientos sesenta y un) minutos al día. De tanto pensar en él, casi se volvió loca.

Un día, un muchacho bastante inteligente se le acercó y le dijo: *"Ana, ¿quieres acompañarme a la biblioteca?"*. Ana no aceptó la invitación porque ella sólo quería salir con Guillermo. Además, sus padres no le permitían salir sola con ningún muchacho. Como Ana no quería ofender al muchacho, le respondió: *"Gracias, pero mis padres no me dejan salir sola con un muchacho"*. El muchacho se puso triste y se fue lo más rápido posible.

Al día siguiente, el mismo muchacho se le acercó de nuevo. Ana pensó que iba a invitarla a salir otra vez, pero simplemente le dio una invitación que decía: «Fiesta de cumpleaños en casa de Guillermo, el viernes a las 7:00 p. m. Ana gritó entusiasmada: *"¡Vaya! ¡Una fiesta en casa de GUILLERMO!"*. Ana regresó a su casa lo más rápido posible para hablar con sus padres sobre la fiesta. Se acercó a sus padres y les dio la invitación. Entonces, les pidió: *"¡Por favor, déjenme ir a la fiesta!"*. Sus padres respondieron: *"¡Está bien, vamos a dejarte ir!"*, y Ana se volvió loca de felicidad. Exclamó: *"¡Vaya, qué bien!"*. Entonces, su querido perro la acompañó a su dormitorio y ella pensó en Guillermo aun más.

Día tras día, pensaba en la fiesta. Se imaginaba la fiesta, se imaginaba bailando con Guillermo y hablando con él y... ¡Se volvía loca de tanto pensar en ello! El día de la fiesta se acercaba y por fin llegó y Ana se pasó el día preparándose. Se volvía loca de emoción... A las seis y media de la tarde estaba lista para salir y ya en la puerta, gritó a sus padres: *"¡Adiós!"*. Pero su madre se le acercó rápidamente y, toda lista para salir, le respondió: *"¡Espérame. Estoy lista para acompañarte a la fiesta!"*.

¡INCREÍBLE! Con la cara roja como un tomate, Ana se acercó a su madre y le pidió: *"Mamá, por favor, déjame ir sola"*. Pero su madre repitió: *"Ana, tú no vas a la fiesta sola. No te dejamos ir sola"*. Ana exclamó: *"¡Prefiero que me acompañe el perro!"*. Pero a su madre no le gustó la idea: *"No te dejamos ir con el perro tampoco"*. Por supuesto, Ana quería ir a la fiesta; pero quería ir sola, ¡no acompañada por su madre! Ana regresó a su cuarto, se puso muy triste. Se volvió loca pensando en la fiesta y lloró como un bebé toda la noche. ¡Pobrecita!

√ Contesta las siguientes preguntas con <u>V</u>erdadero o <u>F</u>also. Corrige las oraciones falsas.

______ 1. A Ana le encantaban los libros.

______ 2. Ana no podía salir con muchachos porque ningún muchacho la invitaba.

______ 3. A Ana le gustaba Guillermo.

______ 4. Día tras día, Ana se sentía muy tranquila.

______ 5. Ana exclamó: «¡Vaya, qué bien!» cuando estaba triste.

Mini-cuento B: Versión #2

Me llamo Ana. Soy una buena muchacha, no soy traviesa; pero, aun así, mis padres no me dejan salir sola con un muchacho. La semana pasada, un muchacho muy guapo y popular que se llama Guillermo, decidió hacer una fiesta en su casa y, por supuesto, yo quería ir. En realidad, me volvía loca por ir a su fiesta y cuando mis padres me dijeron que podía ir, me puse muy contenta. El día de la fiesta lo pasé preparándome: arreglándome el pelo, el maquillaje, la ropa... A la hora de salir, mi madre se me acercó y me anunció que ella iba a acompañarme a la fiesta. ¿Te imaginas?, ¡qué vergüenza! Le rogué: *"Mami, por favor, quiero ir sola... ¡Anda, déjame ir sola!"*. Pero mi madre me dijo: «Ana, sabes que no queremos que salgas sola con un muchacho". Por eso, no tuve más remedio que dejar a mi madre ir a la fiesta conmigo.

Mientras caminábamos a la fiesta, no podía dejar de pensar en que mi madre iba a estar en la fiesta conmigo. Creí que me iba a volver loca. Por fin llegamos a la fiesta. Guillermo abrió la puerta y al ver a mi madre, se le abrieron los ojos tan grandes como platos; también se le abrió la boca, como para hablar, pero no le salió ni una palabra. Por fin, mi madre *le dijo: "Hola Guillermo, gracias por invitar a Ana a tu fiesta".* Entramos en la fiesta y vimos a un grupo de amigos bailando. Mi madre se acercó al grupo y me gritó: *"Ana, ¡acompáñame a bailar!"*. Yo quería **que me tragara la tierra**[1].

De repente, Guillermo se acercó a mi madre y empezó a bailar. ¡Qué desastre! No había pasado más vergüenza en toda mi vida, pero decidí acercarme y acompañarlos a bailar. Mientras bailábamos, mi madre cantaba y hablaba con mis amigos tan contenta. De repente, mi madre se tropezó y se cayó. ¡Pasé aún más vergüenza todavía! ¡Qué desastre! Se cayó con tanta mala suerte que se le rompió la pierna y tuvimos que salir lo más pronto posible para el hospital.

Lo mejor fue que Guillermo nos acompañó al hospital. ¡Qué alegría! Me puse muy contenta, especialmente porque pasamos en el hospital casi toda la noche; no nos dejaron salir de allí hasta las cinco de la mañana. Lo pasé estupendamente. Creo que Guillermo también lo pasó estupendamente porque nos invitó (¡a mí y a mi madre!) a otra fiesta en su casa. ¡Vaya con mi madre!

[1]The earth to swallow me (that the earth would swallow me)

√ Contesta a las siguientes preguntas sobre la nueva versión del mini-cuento.

1. ¿Quién cuenta la historia?

2. Explica por qué a Guillermo se le abrieron los ojos tan grandes como platos al abrir la puerta.

3. ¿Se puso Ana contenta cuando su mamá se rompió la pierna? Explica tu respuesta.

4. Si tu madre dice que quiere acompañarte a una fiesta, ¿la dejarías ir contigo? Explica tu respuesta.

5. Basándote en las historias que acabas de leer, indica el (los)significado(s) de estas formas de los siguientes verbos.

quiero:	**dejan:**	**quiero salir:**
quería:	**dejaron:**	**quieren que salga:**
quería:	**déjame:**	**salimos:**

Mini-lectura cultural: El cumpleaños

El cumpleaños es un día muy importante y celebrado en la vida de los hispanoamericanos, así como de los españoles. Otro día señalado, aunque no tanto, es el día del santo. Este es el día en que se celebra y honra a una persona declarada santa según la tradición católica.

El cumpleañero o cumpleañera es la persona que celebra su cumpleaños; o sea, el día de su nacimiento. Los familiares y amigos acompañan al cumpleañero a celebrar este día tan especial y todos esperan la fiesta con anticipación. Por supuesto, no todas las fiestas son iguales, éstas varían según la edad de la persona festejada.

Para celebrar el primer cumpleaños de un niño o niña, generalmente se hace una gran fiesta en casa o en un salón especializado en fiestas. Los niños de entre cuatro y diez años celebran su cumpleaños con sus amiguitos de la escuela en clubes de béisbol o de otro tipo. Sus papás y abuelos los acompañan con entusiasmo. Hacia los nueve años, se empiezan a celebrar pijama parties, también llamadas pijamadas: tras una pequeña fiesta de cumpleaños en familia, los papás de la cumpleañera o cumpleañero permiten que un grupo de amigos "duerma" en casa. En realidad, la fiesta continúa y ¡nadie duerme!

Pequeños y grandes, jóvenes y viejos, todos esperan con anticipación las celebraciones de este día.

Mini-cuento C

está roto/estaba roto	**le duele/le dolía**
está/estuvo tan alegre	**le pone/le puso un yeso**
se lastima/se lastimó	**la mala noticia**

Hay un muchacho que se llama Jorge. A él le encanta hacer ejercicios, ¡tanto que los hace mientras duerme! Todas las mañanas, corre cuarenta y dos millas. Por la tarde, sube una montaña grande llevando treinta y dos kilos en la espalda. Está muy alegre mientras hace ejercicios. ¡Está tan alegre que CANTA mientras hace ejercicios!

Un día, Jorge fue a la montaña para hacer ejercicios. Nadie lo acompañaba porque a nadie le gusta hacer ejercicios en la montaña. Mientras estaba en la montaña, se tropezó y se cayó. ¡Se cayó con más fuerza que un elefante! Jorge se lastimó los brazos y por eso, gritó: *"¡Ay! ¡Ay! ¡Ay! ¡Me lastimé los brazos!"*. Los brazos le dolían mucho y por eso, Jorge pensaba que estaban rotos. Le dolían tanto que Jorge casi no pudo bajar de la montaña. Él sabía que tenía que ir al hospital lo más pronto posible.

A duras penas, Jorge llegó al hospital. El doctor le hizo un examen y le preguntó: *"¿Te duelen mucho?"* Jorge le respondió: *"Sí, ¡me duelen muchísimo!"*. -*"¿Cuál te duele más, el brazo derecho o el izquierdo?"*. El muchacho pensó y dijo: *"Los dos me duelen igualmente"*. El doctor le sacó unas radiografías. Luego, salió y regresó y le dijo al muchacho: *"Tengo una noticia buena y otra mala... ¿Cuál quieres que te diga primero?"*. Jorge respondió que la mala, así que el doctor le dio la mala noticia: Los dos brazos estaban rotos.

Al recibir la mala noticia, Jorge se puso muy triste. Estaba tan triste que lloró como un bebé. Jorge se quejó: *"¡Qué mala noticia! No puedo jugar al béisbol, no puedo jugar a básquetbol, no puedo nadar, ¡no puedo hacer nada!".* El doctor lo consoló, diciéndole: *"Jorge, tengo buenas noticias también: Primero, yo voy a ponerte un yeso de tu color favorito".* Al oír la buena noticia, Jorge estuvo tan alegre que le dio un beso al doctor. Al doctor no le gustó el beso, así que le dijo a Jorge: *"Por favor, no me beses".* Jorge le respondió: *"Lo siento. Es que estoy muy alegre porque mi color favorito es el rosado. Por favor, quiero dos yesos rosados". "Si me besas otra vez, no voy a ponerte yesos rosados"*, le respondió el doctor.

Luego, el doctor continuó con más noticias buenas: *Ademas, Jorge, tú no vas a poder escribir, así que voy a asignar a una tutora para ayudarte. La tutora es la **gemela**[1] de Jennifer Lopez".* Jorge estuvo tan alegre con la buena noticia que le dio dos besos al doctor. Al doctor, no le gustaron los besos para nada. Estaba enojado y por eso, no le puso dos yesos rosados a Jorge. Le puso un yeso morado y un yeso amarillo. Jorge se puso triste. Después de unos minutos, la gemela de JLo llegó y al ver a los yesos, exclamó: *"¡Me encantan los yesos! ¡Qué bonitos!".* Al oírlo, Jorge estuvo tan alegre que les dio un beso al doctor y un beso a JLo. Jorge estaba tan alegre que los brazos ya no le dolían.

[1]**twin sister**

√ Contesta a estas preguntas sobre el Mini-cuento C.

1. ¿Qué le gusta a Jorge? ¿Te gusta a ti? Explícalo.

2. ¿Por qué no era fácil para Jorge a bajar de la montaña?

3. ¿Qué hizo Jorge cuando estuvo muy alegre? ¿Qué haces tú cuando estás muy alegre?

4. Si pudieras tener cualquier tutor, ¿a quién elegirías? Explícalo. (If you could have any tutor, whom would you choose? Explain.)

   Yo elegiría a ____________ porque....

5. ¿Conoces a unos gemelos en tu escuela? ¿Cómo se llaman? ¿Son muy parecidos?*

   *(Do they look alike?)

Mini-cuento C: Versión #2

Un muchacho llamado Carlitos era un poco raro. A él le gustaba lastimarse. Un día, Carlitos se tropezó y se cayó de una montaña grande. Él se lastimó las manos. Le dolían mucho. Por eso, fue al doctor.

El doctor le dio la mala noticia: "*Todos los dedos están rotos. Tengo que ponerte diez yesitos*". Al recibir la mala noticia, Jorge estuvo tan alegre que gritó y bailó como loco. Cantaba: "*Me encantan los yesos!*". Mientras bailaba y cantaba, se tropezó y se cayó otra vez. Esta vez, se lastimó los pies. Le dolían mucho. El doctor le dio la mala noticia: "*Todos los dedos del pie están rotos*". Al recibir la mala noticia, Jorge estuvo tan alegre que le dio un beso al doctor. Al doctor no le gustó el beso para nada, así que le dijo a Jorge: "*Por favor, no me beses*".

Luego, el doctor le puso diez yesos en las manos, un yeso en cada dedito. Después, el doctor le puso diez yesos en los pies, un yesito en cada dedito del pie. Cuando el doctor le puso los yesos, Carlitos exclamó: "*¡Ya no me duelen los dedos!*". Estaba tan alegre que le dio cinco besos al doctor. Al doctor no le gustaron los besos y por eso **le cobró**[1] el doble. Carlitos no estaba contento y los dedos empezaron a dolerle más que antes. ¡Pobre Carlitos!

[1]charged him

√ ¿Te has lastimado alguna vez? Describe cómo te lastimaste tú o alguien que tú conozcas.

√ ¿Verdadero o Falso?

____ 1. A Carlitos le gustaba lastimarse.

____ 2. Carlos se cayó en la calle.

____ 3. Se le rompieron los dedos.

____ 4. Mientras bailaba, se cayó.

____ 5. El doctor le puso un yeso grande.

____ 6. Carlos le dio una manzana al doctor.

____ 7. A Carlos le encantaban los huesos.

____ 8. Al doctor, le gustaron los besos.

√ **Elige la forma correcta de los siguientes verbos.**

1. Carlitos _______ al cine anoche. **(iba, fue, va)**
2. Cuando Carlitos era joven _______ al cine los viernes. **(iba, fue, va)**
3. Me __________ el brazo derecho ayer. **(lastimé, lastimo, lastimar)**
4. Cuando Berna escuchó la mala noticia, _____________ triste. **(se puso, se pone, se ponía)**
5. Generalmente, un doctor ortopedista les ___________ yesos a sus pacientes. **(puso, ponía, pone)**

Mini-lectura cultural: Pico Bolívar

Con aproximadamente 4.800 metros, el Pico Bolívar es la montaña más alta de Venezuela. Es uno de los picos más altos de la Cordillera de los Andes en Sudamérica.

Turistas y escaladores están interesados en subir a esta montaña tan hermosa, con cuatro glaciares. Algunos regresan con historias alegres para contar a su familia y otros con malas noticias de huesos rotos, yesos y partes lastimadas.

Una vieja leyenda cuenta que en el Pico Bolívar, una princesa corre a cinco águilas blancas para robarles las hermosas plumas. Si te subes a esta montaña, tal vez verás a la princesa o las cinco águilas.

√ **Contesta las siguientes preguntas.**

1. ¿Cuál es la montaña más alta de los EEUU?

2. ¿Cuál es la montaña más alta del mundo?

3. ¿Quieres subirte a una de estas montañas? Explica tu respuesta.

Mini-cuento D

se queja/se quejó	**trata/trató de impresionar**
le presta/le prestó su coche	**aprende/aprendió a manejar**
acaba de/acababa de	**le sale bien/le salió bien**

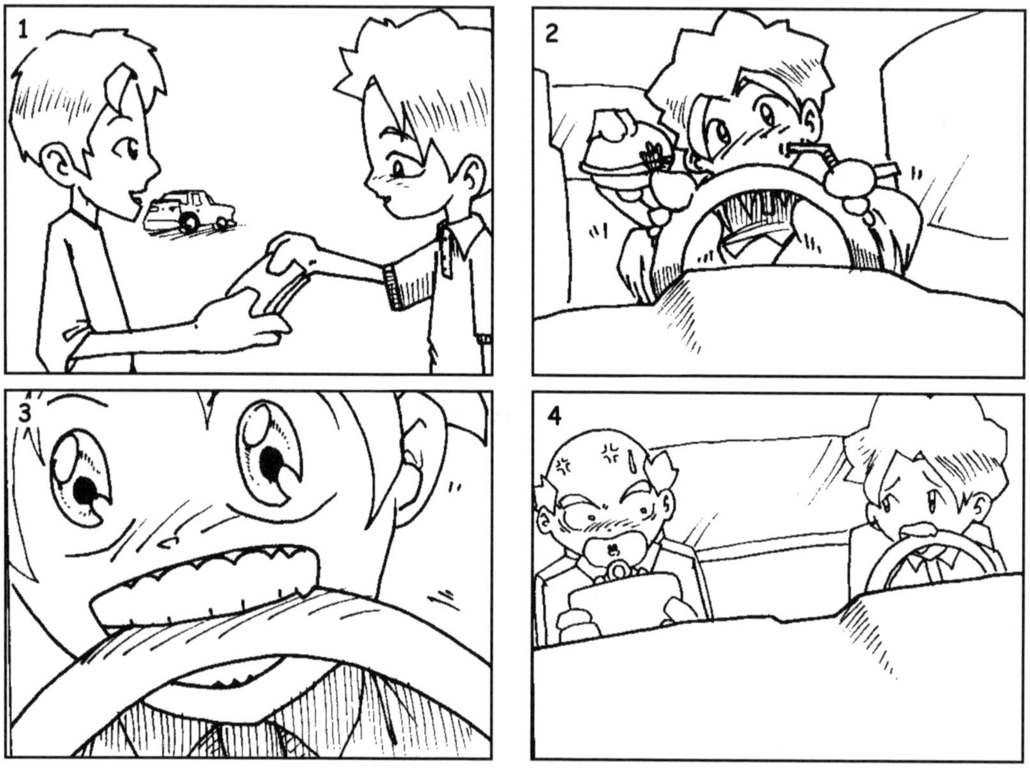

Un muchacho que se llama Orlando acababa de cumplir los 16 años y quería comprar un coche para impresionar a una chica que acababa de conocer. El día que la conoció, Orlando trató de impresionarla con una demostración de su estado atlético, pero no le salió bien. Se tropezó, se cayó y se lastimó la rodilla. Le dolía mucho y por eso, Orlando se quejaba mucho. La chica no estaba impresionada.

Orlando fue a la casa de su amigo, que acababa de cumplir los 17 años, y le dijo: *"Amigo mío, acabo de conocer a la muchacha de mis sueños. Traté de impresionarla, ¡pero no me salió bien! ¿Qué puedo hacer?"*. Su amigo le respondió: *"Orlando, acabas de conocerla. ¿Por qué quieres impresionarla?"*. Orlando, un poco enojado, se quejó: *"Es obvio que no me entiendes. Es verdad que acabo de conocer a esta muchacha. ¡Pero es la muchacha de mis sueños!"*. Su amigo trató de responder, pero Orlando no lo dejó hablar. Siguió quejándose: *"Necesito impresionarla, pero no tengo nada con que impresionarla"*.

Entonces, Orlando tuvo una idea: le pidió a a su amigo: *"Préstame tres dólares. Necesito dinero para impresionarla"*. Así que su amigo le prestó el dinero. Acababa de darle el dinero cuando la muchacha se les acercó. Los muchachos no la vieron y en voz alta,

Orlando le respondió; *"Gracias por prestarme el dinero"*. La muchacha lo oyó y no se impresionó. ¡Pobre Orlando! Otra vez, su plan no le salió bien.

Orlando se quejó de su mala suerte y pensó en otro plan: *"Amigo mío, préstame tu coche, por favor"*. Pero su amigo se quejó: *"Pero acabo de comprarlo. No quiero prestarte mi coche nuevo. ¡Tú no sabes cómo manejar!"*. Orlando se quejó: *"Acabo de cumplir los 16 años y no tengo nada. Me falta dinero, me falta un coche, ¡aun me faltan AMIGOS!"*. Al final Orlando convenció a su amigo para que le prestara su coche. Su amigo acababa de prestarle el coche cuando la muchacha se le acercó y le dijo: *"¿Me das un 'ride' en tu coche?"*. Orlando se puso nervioso y le respondió con vergüenza: *"No sé cómo manejar"*. La muchacha no estuvo impresionada, y Orlando se volvió loco. Otra vez, su plan no le salió bien y Orlando se puso aun más triste. Se quejó de su mala suerte durante una hora entera.

Orlando se quejó a su amigo: *"Quiero aprender a manejar. ¿Por qué no me enseñas?"*. Su amigo decidió enseñarle a manejar. Día tras día, practicaba manejo. Aprendió a manejar de varias maneras: manejaba con los pies; manejaba con los codos; manejaba con los dientes; y hasta manejaba con los ojos cerrados. Por fin, Orlando estaba listo para el examen de manejo. Llegó al Departamento de Vehículos y el maestro le dijo: *"Acabas de cumplir los 16 años... eres muy joven. ¿Estás seguro que quieres hacer el examen?"*. Orlando, que realmente quería hacerlo lo más pronto posible, le respondió: *"¡Sí!"*.

Así que, ellos se subieron al coche y Orlando manejó de varias maneras. Trató de impresionar al maestro, pero el maestro se quejó mucho: *"¡Manejas como un loco!"*. El examen no le salió bien y Orlando no obtuvo su licencia de manejar. Orlando se puso triste. Se quejó de su mala suerte, diciendo: *"Nada me sale bien"*. Orlando acabó de decirlo cuando la muchacha de sus sueños se le acercó. Lo vio llorando y quejándose y no se impresionó. ¡Pobre Orlando!

NOTA CULTURAL

El español es un idioma rico y variado. Hay muchas diferencias entre el español de España y el de Latinoamérica. (Es igual que el inglés -El idioma de Inglaterra es diferente que el inglés de los Estados Unidos). Por ejemplo, en España se dice *"conduce"* y *"permiso de conducir"* en vez de *"maneja"* y *"licencia de manejar"* como se dice en México y otros países latinoamericanos. También, en España se dice "enciende el motor" y en México se dice *"prende el motor"*. Las dos formas son correctas y demuestran la riqueza del idioma español.

√ Responde a las siguientes preguntas sobre el Mini-cuento D.

1. Describe las maneras en que Orlando trató de impresionar a la muchacha.

2. Describe tres maneras en que tú tratas de impresionar a chicos(as) guapos(as).

3. Describe las maneras en que Orlando trató de impresionar al maestro.

4. ¿Cuál es tu opinión del amigo de Orlando? ¿Es buen amigo o malo? Explícalo.

5. Describe cómo tú tratas de impresionar a los maestros. Escribe tres maneras.

Mini-cuento D: Versión #2

Un muchacho, que acababa de cumplir los 16 años, quería manejar el coche de su mejor amigo. Le pidió: "*¿Me prestas tu coche?*", pero su amigo se quejó: "*¡¿Te volviste loco?! Acabé de comprarlo. No puedo prestártelo*". Así que el muchacho fue a Cars-R-Us y compró un coche nuevo. El muchacho quería manejar el coche, pero tenía un problema: No sabía cómo manejar. Le pidió a su amigo que le enseñara, pero su amigo se quejó: "*Acabas de cumplir los 16 años; es muy peligroso enseñar a un muchacho tan joven*".

Por eso, el muchacho asistió a una escuela para aprender a manejar. Además, él practicaba mucho con sus padres. Su papá le aconsejó: "*Tienes que impresionar al maestro*", así que él aprendió a manejar de varias maneras: manejaba con los pies; manejaba con los codos; manejaba con los dientes; y hasta manejaba con los ojos cerrados.

Por fin, el muchacho hizo el examen de manejar. Trató de impresionar al maestro, así que manejó de varias maneras. El maestro se quejó mucho. El examen no le salió bien y el muchacho no obtuvo su licencia de manejar. El pobre muchacho se quejó a su papá, pero su papá estaba alegre. El papá **había engañado**[1] al muchacho. En realidad, no quería que el muchacho obtuviera la licencia y su plan le salió muy bien. ¡Qué engañoso!

[1]**had tricked/fooled**

√ ¡Imagínate! Recibiste este mensaje de tu primo. Escribe una respuesta con un buen consejo.

> Para: miprimo@mimail.com
> Asunto: un dilema
> Fecha: 7 julio, 2008 9:02:38 AM MST
> De: Tuprimo@mimail.com
>
> Querido(a) _______________:
> Mi mejor amigo quiere que yo le preste mi coche nuevo. Acabo de comprarlo y no quiero prestárselo. Tampoco quiero ofender a mi amigo. ¿Qué debo hacer? ¿Debo prestarle mi coche?
>
> Hasta pronto-
> Tu primo

____

____

____

____

____

____

____

Mini-lectura cultural: Turismo Aventura

Turismo extremo, turismo aventura y aventura extrema son distintos nombres de una nueva actividad en Latinoamérica. Las compañías de turismo tratan de impresionar a sus clientes potenciales con lugares exóticos de difícil acceso, ascensos a montañas y emoción máxima.

Este nuevo tipo de turismo no es para todos. Clientes ricos que se quejan de la rutina es el objetivo principal de las compañías. Muchos esperan con ansiedad mejorar su físico e impresionar a sus amigos con sus anécdotas.

Los turistas van en pequeños grupos con un guía al cual todo le sale bien, ya que tiene experiencia en este tipo de actividad. Durante el viaje, el cliente aprende a manejar motocicletas, 4x4, y situaciones peligrosas. En general, al final esperan con ansiedad contar sus anécdotas y tener tiempo para realizar otra experiencia similar.

Capítulo uno

¡Pobre Pedro!

Lectura: ¡Pobre Pedro!

Un muchacho, que se llamaba Pedro, acababa de cumplir los 16 años. Pedro quería obtener su licencia de manejar lo más pronto posible. Pero sus padres no estaban de acuerdo. Ellos se preocupaban porque Pedro no manejaba bien. Siempre trataba de impresionar a las chicas bonitas mientras manejaba. Ellos se quejaban porque Pedro sacaba malas notas en la clase de español. Por eso, ellos no lo dejaban manejar y no le permitían obtener su licencia de manejar. Le decían: *"Pedro, tú tienes que estudiar el español y tienes que aprender a manejar".* Pedro trató de impresionarlos con su buena nota en la clase de educación física, pero sus padres no estaban impresionados. Pedro se quejaba mucho, pero aun así, sus padres no lo dejaban manejar. No iban a acompañarlo a manejar si no sacaba buenas notas en la clase de español. Así que Pedro decidió estudiar.

Llamó a su amiga y le pidió un libro y las notas de la clase de español: *"Hola, Ángela. Me prestarías tu libro de español y las notas de la clase?".* Ángela era buena estudiante y buena persona y se los prestó. Pedro estudiaba mucho porque se acercaba la fecha de su examen final. Día tras día, Pedro estudiaba español, pero pensaba más en manejar que en estudiar. Una tarde, Pedro acabó de estudiar y le pidió a su madre: *"Mamá, acabo de estudiar, por favor, acompáñame a manejar. ¡Déjame manejar, porfis...".* Pero su madre se negó: *"¡No, no y no!".* Pedro se quejó: *"No tengo dinero, tampoco tengo mi licencia. Tampoco tengo padres simpáticos".*

Algunos días más tarde, Pedro hizo el examen final. Estaba nervioso y pensaba en los resultados. El miércoles de la semana siguiente, Pedro acababa de llegar a la casa y su madre le dio la buena noticia: *"Pedro, el examen te salió muy bien. AHORA, podemos acompañarte a manejar".* ¡Qué emoción! *"¡¿Van a dejarme manejar?! ¡Vaya!", exclamó Pedro.* Se le acercó a su madre y le dio un gran beso. Estuvo tan alegre que corrió por toda la casa. Su madre le gritó: *"Pedro, ¡¿Te volviste loco?! ¡Cálmate! ¡Vas a lastimarte! ¡Ya, basta!".* En ese momento, Pedro se tropezó y se cayó violentamente al suelo. No pudo levantarse y le dolió mucho la pierna. Él se quejó: *"Me duele. ¡Me duele MUCHO! ¡Me rompí la pierna!".*

Su madre lo llevó al hospital y el doctor le preguntó: *"¿Qué pasó?".* Pedro le respondió: *"Acababa de recibir una buena noticia y estaba tan alegre que corrí por la casa. Me tropecé y me caí."* El doctor le hizo un examen y el examen no le salió bien. El doctor se le acercó y le dio la mala noticia: *"Pedro, se rompió tu pierna. Está rota en dos lugares. Vamos a ponerte un yeso y durante ocho semanas como mínimo".* Pedro se puso muy triste porque no iba a poder manejar por mucho tiempo.

Día tras día, Pedro pensaba en conseguir su licencia. Durante las clases, pensaba en manejar y no prestaba atención para nada. No podía concentrarse porque la pierna le dolía mucho y el yeso le molestaba. Además, estaba muy, muy triste. Durante las siguientes semanas, Pedro se volvió loco. ¡Pobre Pedro!

Capítulo uno

√ **Escribe Verdadero o Falso según lo que has leído en la lectura de ¡Pobre Pedro!**

______ 1. El muchacho acababa de cumplir 15 años.

______ 2. Los padres de Pedro querían que él consiguiera la licencia lo más pronto posible.

______ 3. Sus padres no lo iban a llevar a manejar hasta que sacara buenas notas.

______ 4. Pedro gritaba y corría porque estaba enojado.

______ 5. A Pedro le encantaba la clase de español. Era su clase favorita.

______ 6. Pedro era buen estudiante.

______ 7. Pedro le prestó su libro a su amiga Ángela.

______ 8. A Pedro no le importaba mucho obtener la licencia.

√ **Ordena las siguientes frases según su orden cronológico.**

_____ a.) Su amiga le prestó sus notas y el libro.

_____ b.) Los padres no estaban impresionados.

_____ c.) Pedro cumplió 16 años.

_____ d.) Pedro recibió la buena noticia de que salió bien en el examen.

_____ e.) El doctor le puso un yeso.

_____ f.) Se rompió la pierna.

_____ g.) Pedro trató de impresionar a sus padres con su buena nota en la clase de educación física.

_____ h.) Pedro se volvió loco.

√ **Llena los espacios en blanco con una respuesta lógica.**

1. A mi me interesa(n) ____________________________________.

3. No me gusta ____________________, pero sí me gusta ____________________.

4. Yo le pedí a mi amigo(a): *"Por favor, préstame* __________________________".

5. Estoy muy alegre cuando ____________________________________.

6. Me pongo triste cuando ____________________________________.

√ **Contesta las siguientes preguntas sobre *Episodio 1*.**

1. ¿Qué es lo que Pedro quería y por qué no estaban de acuerdo sus padres?

2. ¿Por qué al principio Pedro no podía estudiar? ¿Cómo resolvió este problema?

3. ¿Qué pasó cuando Pedro corrió por la casa?

4. ¿Qué examen le salió bien a Pedro y qué examen le salió mal?

5. Escribe un final nuevo para el episodio. Describe lo que le pasa a Pedro al final del cuento: si sus padres lo acompañan a manejar, si aprende a manejar bien, quién le enseña a manejar, si obtiene la licencia de manejar, etc.

Lectura cultural: El Día de los Muertos

Los primeros dos días de noviembre son muy especiales para los mexicanos. En estos días se celebra El Día de los Muertos, que es cuando la gente recuerda y honra a los difuntos (muertos). El primero de noviembre es para honrar a los niños y el dos para honrar a los adultos. La idea en estos días es invitar a los muertos a venir a este mundo y quedarse un rato con sus familias y seres amados. ¿Cómo los invitan?

Hay varias tradiciones que sigue la gente para recordar e invitar a los seres amados que ya no están en este mundo con ellos. Las familias preparan ofrendas y altares en las casas que se adornan con fotos del muerto, flores brillantes, velas, pan de muerto, y la comida preferida de los muertos. La luz de las velas y las flores brillantes guían a los difuntos al altar. El olor del pan de muerto también guía a los muertos. Además de estas actividades tradicionales en la casa, las familias también van a los cementerios para visitar y adornar las tumbas. A media-noche empiezan las celebraciones. Algunas personas llevan de todo: comida, velas, flores y varias decoraciones al cementerio para hacer un "picnic".

No se puede comparar El Día de los Muertos con Halloween. Es completemente diferente. El Día de los muertos no es una celebración espantosa, sino una de respeto, honra y amor. El símbolo del Día de los Muertos es el esqueleto o la calavera. Hay esqueletos y calaveras graciosas, decoradas con sombreros, ropa y adornos, y todas llevan sonrisas grandes. La siguiente lectura es una historia de un muerto que quiere visitar a su familia durante el Día de los Muertos.

√ Contesta las siguientes preguntas sobre el Día de los Muertos.

1. ¿Quiénes son los invitados en el Día de los Muertos?

2. Haz una comparación entre el Día de los Muertos y Halloween.

el Día de los Muertos — Halloween

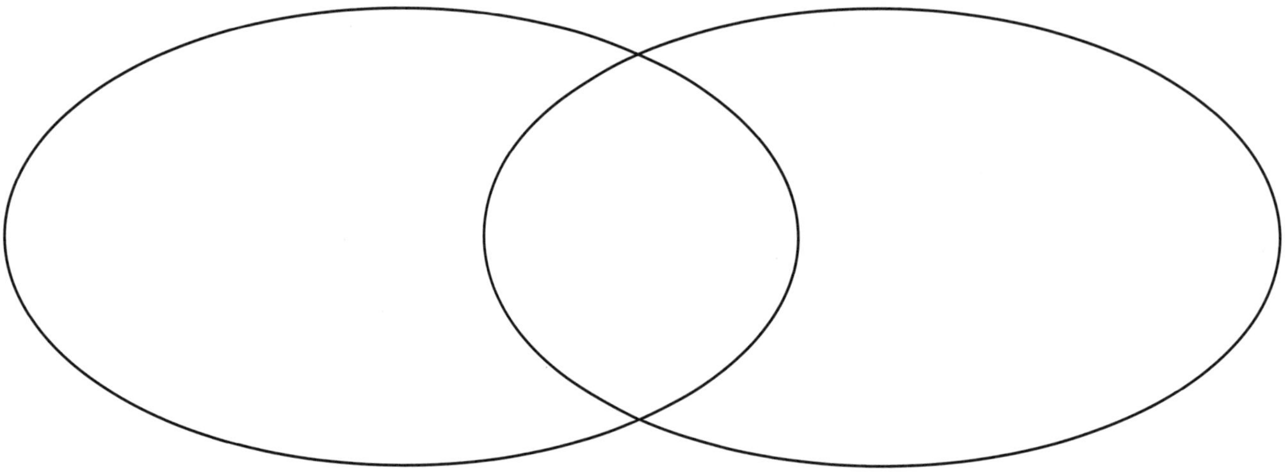

3. ¿Qué símbolo representa el Día de los Muertos?

4. ¿Qué es un difunto?

Capítulo dos: ¡Qué mala suerte!
Vocabulario nuevo

Mini-cuento A

el cinturón de seguridad

maneja cuidadosamente

se sube/se subió

le regala/le regaló un collar

se hace/se hacía muy larga

prende

Mini-cuento B

respeta/respetó la velocidad máxima

le suplica/le suplicó

déjame manejar/
la dejó manejar

más despacio que...

¡Apúrate!/se apura/se apuró

queda lejos/quedó lejos

Mini-cuento C

no puede/pudo respirar

se niega/se negó

está/estaba desesperado

la señal de tránsito

se choca/se chocó

camina/caminó tres cuadras

Mini-cuento D

como si fuera

empieza a/empezó a...

está/estaba mejor/se mejoró

la saluda/la saludó

sueña con/soñó con

se da cuenta/se dio cuenta

Mini-cuento A

el cinturón de seguridad	**le regala/le regaló un collar**
maneja/manejó cuidadosamente	**se hace/se hacía muy larga**
se sube/se subió	**prende/prendió**

Había un muchacho que se llamaba Rodrigo. Rodrigo quería a una chica que se llamaba Carlota. Rodrigo quería salir con Carlota, pero los padres de Carlota no la dejaban salir sola con un muchacho. No le permitían salir con un muchacho y le decían: *"Podrás salir sola cuando tengas dieciséis años"*. Carlota iba a cumplir los 16 años el 1 de junio. Rodrigo esperaba ese día, pero los meses se le hacían muy largos. Rodrigo pensaba mucho en su primera cita y planeaba algo muy especial. Por fin, Carlota cumplió dieciséis años y Rodrigo se preparó para ir a la casa de Carlota y hablar con sus padres.

Se subió al coche, se puso el cinturón de seguridad, prendió el motor y salió lo más rápido posible. Manejaba cuidadosamente, y mientras manejaba, pensaba en lo que le iba a decir a los padres de Carlota. Practicaba su discurso: *"Quiero mucho a Carlota y he esperado 4 meses, 4 días y 4 minutos para salir con ella. La espera se hizo muy larga y hoy, les pido que me permitan salir con su hija. Manejo cuidadosamente y siempre me pongo el cinturón de seguridad"*. Practicó su discurso varias veces, y mientras practicaba, el camino se hacía muy largo. Por fin, llegó a la casa. Cuando llegó la puerta se abrió rápidamente. Salió el papá de Carlota y se le acercó a Rodrigo. Rodrigo estaba tan nervioso que no recordó nada del discurso que había practicado. Trató de impresionar al papá de Carlota, pero no le salió ni una palabra de la boca. La situación se hacía muy larga. Por fin, el papá le habló: *"¿Que quieres?"*. Rodrigo le respondió débilmente: *"Quiero salir con su hija"*. El padre de Carlota le habló durante una hora, y la hora se hizo muy larga. Finalmente le dio permiso para salir con Carlota, pero le dijo que no podían salir hasta la próxima semana.

El día de la cita se acercaba , y sin embargo, la semana se hacía muy larga. Rodrigo pensaba en hacer algo especial y decidió comprarle a Carlota un regalo, así que fue a K-mercado y le compró un collar muy bonito. Rodrigo pensaba en la cita y en cómo iba a regalarle el collar. Por fin, llegó el día de la cita. A la hora de la cita, Rodrigo salió de la casa y se acercó a su coche, pero se le olvidó el collar. Lo más pronto posible, entró a la casa, agarró el collar y salió corriendo. Se subió al coche y se puso el cinturón de seguridad. Trató de prender el motor, pero no se prendió. ¡Qué horror! Rodrigo se bajó del coche y miró el motor; arregló algunos cables y trató de prender el motor de nuevo. Por fin, se prendió y rápidamente, Rodrigo salió sin pensar en el cinturón de seguridad. Manejaba cuidadosamente, pero sin embargo, un policía **lo detuvo**[1] por no ponerse el cinturón de seguridad. Rodrigo le pagó una **multa**[2] de 25 dólares y se fue, pero con el cinturón de seguridad puesto. ¡Ay! ¡El viaje se hacía muy largo!

Por fin, llegó a la casa de Carlota y al llegar, la puerta se abrió inmediatamente. Salió Carlota y Rodrigo, un muchacho religioso, se puso tan alegre que gritó: *"Gracias a Dios"*. Carlota se subió al coche y se puso el cinturón de seguridad. Rodrigo manejaba cuidadosamente y pensaba en regalarle el collar. Mientras manejaba y pensaba, una mosca entró en su nariz. Rodrigo reaccionó muy rápido, metiéndose el dedo en la nariz para sacarla. Con el dedo en la nariz, manejaba lo más cuidadosamente posible, pero era difícil. Carlota miró a Rodrigo y pensó que estaba sacándose los mocos. La situación se hacía. muy larga y Rodrigo no se sacaba el dedo de la nariz. Entonces, Carlota exclamó: *"¡Qué asco! No quiero pasear contigo nunca más"*. Se bajó del coche y se fue caminando. Carlota acabó de bajarse del coche cuando Rodrigo pudo por fin sacarse la mosca de la nariz. Él se puso muy triste porque la cita no le salió bien. Además ¡No le pudo regalar el collar! ¡Qué mala suerte!

[1]**detained/stopped him** [2]**fine**

√ Contesta con Falso (F) o Verdadero (V).

_____ 1. Rodrigo quería a los padres de Carlota.

_____ 2. El camino a la casa de Carlota se hacía muy corto.

_____ 3. ¡Rodrigo tenía muy mala suerte!

_____ 4. La policía lo detuvo porque tenía el dedo metido en la nariz.

_____ 5. Un doctor le sacó la mosca de la nariz a Rodrigo.

_____ 6. Carlota rompió con Rodrigo.

Capítulo dos

√ Contesta las siguientes preguntas sobre Mini-cuento A.

1. Al, principio, ¿por qué no podía salir Rodrigo con Carlota?

2. ¿Por qué se hacía muy largo el discurso del papá de Carlota?

3. ¿Por qué se hacía muy larga la tarde de la cita?

4. Si tienes una cita especial con tu novio, ¿qué le compras?

5. Si estás con tu novio (a) y te entra una mosca en la nariz, ¿qué haces?

6. Describe una situación que se hizo muy larga para ti.

Minilectura cultural: El cinturón de seguridad

El cinturón de seguridad es uno de los elementos que mejoran la seguridad de los conductores. Sin embargo, es uno de los temas más controvertidos en los distintos países de Latinoamérica y España. En algunos de ellos, el uso del cinturón es obligatorio. En otros, el gobierno recomienda usarlo, pero muchos conductores se niegan.

En Chile y en España, las normas de tránsito son muy estrictas. Los conductores se suben a sus autos y no dejan de prenderse el cinturón de seguridad cuidadosamente. Así, no hay **multas**[1] por la falta del cinturón. En México, Uruguay, Colombia, El Salvador y Panamá, el uso del cinturón es obligatorio para el conductor y su acompañante.

En otros países, como Argentina y Perú, los conductores utilizan el cinturón en viajes largos y en rutas, pero se niegan a usarlo en la ciudad. Los conductores se quejan de que es incómodo e innecesario. A los conductores de esos países, aún les falta leer las estadísticas de los accidentes de tránsito.

[1]**traffic ticket / fines**

Mini-cuento A: Versión #2

Según la chica

Mi ex-novio está más triste que nunca. Se pone triste porque ya no quiero pasear con él. No lo quiero porque él es tonto. Esto es lo que nos pasó:

Íbamos a pasear en coche. Todo estaba bien; él metió la llave y prendió el motor. Como siempre, nos pusimos los cinturones de seguridad, y él manejó cuidadosamente. Yo lo miré, y de repente, él se metió el dedo en la nariz. ¡Se sacaba los mocos como un loco! ¡La situación se hacía muy larga! Entonces, yo le dije: *"¡Qué asco! No quiero pasear nunca más contigo".* Él me respondió: *"¡Yo no me saco los mocos! Una mosca entró en mi nariz. Estoy tratando de sacármela".* ¡Qué excusa más tonta!

Mini-cuento A: Versión #3

Según el chico

Un chico está más deprimido que nunca y su madre le pregunta: «¿Qué te pasa?». Entonces, él le cuenta esta rara historia:

...Pues, Carlota y yo íbamos a pasear en coche. Todo estaba bien; metí la llave y prendí el motor. Como siempre, nos pusimos los cinturones de seguridad, y yo manejé cuidadosamente. Entonces, una mosca entró en mi nariz. Sin pensar, me metí el dedo en la nariz para sacarla. La situación se hacía muy larga, y cuando Carlota me vio con el dedo en la nariz, ella pensó que estaba sacándome los mocos. Ella me dijo: *"¡Qué asco! No quiero pasear contigo nunca más".* Por eso, ¡estoy más triste que nunca!

√ Has leído dos versiones de la misma situación. ¿En cuál de las dos crees? Usando la información de ambos cuentos, escribe tu propia versión de lo que piensas que realmente ocurrió.

____

____

____

____

____

____

____

____

____

Mini-cuento B

respeta/respetó la velocidad máxima	**le suplica/le suplicó**
déjame manejar/la dejó manejar	**más despacio que...**
¡Apúrate!/se apura/se apuró	**queda lejos/quedó lejos**

Pablo y María iban a tener un bebé y estaban muy contentos. Pablo era una persona muy tranquila, muy calma y paciente. María era una persona más emotiva, un poco impaciente y excitable. Los futuros padres pensaban en el bebé y cada uno **quería que el bebé fuera parecido a sí mismo**[1]. María quería que el bebé fuera como ella y Pablo quería que el bebé fuera como él. Se pusieron de acuerdo en que sería mejor si el bebé fuera parecido a los dos. Los nueve meses le pasaban muy rápido a Pablo, pero a María se le hacían muy, muy largos. Sin embargo, la fecha se acercaba y por eso, ellos se preparaban para el bebé.

Un día mientras Pablo trabajaba, María lo llamó por teléfono: *"Pablo, ¡es la hora! Ven a casa. Tengo que ir al hospital. ¡Apúrate!"*. Lo más pronto posible, Pablo salió de su trabajo, que quedaba lejos de la casa. Eran más de 30 minutos en coche. Pablo prendió el motor, se puso su cinturón de seguridad y se fue a casa. Como siempre, manejaba cuidadosamente y respetaba la velocidad máxima. Normalmente manejaba más despacio, pero en ese momento estaba apurado. Mientras manejaba, María lo llamó al celular, suplicándole: *"Pablo, ¡apúrate! ¡Tengo que ir al hospital!"*. Sin embargo, Pablo no se apuró. Manejaba cuidadosamente, respetando la velocidad máxima. María lo esperaba en veinte minutos, y la espera se hacía muy larga. Después de treinta y dos minutos, Pablo llegó a casa.

Al llegar y María se le acercó. Le suplicó: *"¡Apúrate, Pablo! Tengo que ir al hospital!"*. María se subió al coche y trató de ponerse el cinturón de seguridad, pero su estómago era tan grande que no pudo. Pablo, que era un chofer muy sensato, le trató de poner el cinturón. María le dijo: *"¡Déjalo, Pablo! ¡Apúrate!"*, y a duras penas, Pablo pudo ponérselo. Salieron para el hospital y María le preguntó: *"¿Queda lejos el hospital?". Pablo le respondió: "Sí, mi amor, queda un poco lejos"*. Como siempre, Pablo manejaba cuidadosamente y respetaba la velocidad máxima. María le suplicó: *"Por favor, Pablo, ¡apúrate! ¡Manejas más despacio que una tortuga!"*. Pero Pablo siguió manejando cuidadosamente y respetando la velocidad máxima. María le preguntó: *"¿Aún queda lejos el hospital?"*. Pablo le respondió: *"Sí, mi amor, todavía queda un poco lejos"*.

Pasaron unos dos minutos y María le suplicó: *"¡Pablo, apúrate! ¡Manejas más despacio que un caracol! ¡Déjame manejar!"*. Pablo no la dejó manejar y le respondió: *"Cálmate, María"*. El viaje se hacía muy largo y María se volvía loca. Le suplicó: *"¡Pablo, déjame manejar! ¡Manejas más despacio que mi abuela! ¡Apúrate!"*. Sin embargo, Pablo no la dejó manejar y siguió manejando cuidadosamente. Respetaba la velocidad máxima y no se apuraba. Desesperada, María le preguntó: *"¿Aún queda lejos el hospital?"*. Pablo le respondió: *"No tan lejos, mi amor"*.

Apenas lo dijo, cuando María gritó. En este momento, **dio a luz**[2] en el coche. El bebé lloró y Pablo gritó: *"María, tú diste a luz más rápido que un **relámpago**[3]"*. María no le respondió. Solo miró a su bebé, a quien llamó 'Saturn.' Hoy día, Saturn es un chofer de Nascar™. ¡Qué ironía!

[1]wanted that the baby be (look) like **[2]gave birth** **[3]lightning bolt**

√ Contesta las siguientes preguntas sobre Mini-cuento B.

1. Describe a María y a Pablo.

2. ¿Por qué se hacía muy largo el tiempo para María, pero no para Pablo?

3. ¿Qué piensas? ¿Era el bebé más como Pablo o más como María? Explícalo.

4. ¿Qué hace Saturn hoy día?

Capítulo dos

√ Contesta las siguientes preguntas.

1. Cuando estás apurado(a), ¿manejas más rápido que el límite de la velocidad máxima?

2. Describe una situación en la que tienes mucha paciencia y otra en la que no tienes nada de paciencia.

3. Completa las frases siguientes:

Mi profesor(a) habla más rápido que ______________________________ .

Yo corro más rápido que ______________________________________ .

King Kong es más grande que __________________________________ .

Versión #2 del Mini-cuento B

√ Usa las palabras siguientes para re-escribir Mini-cuento B. (No debes usar todas las palabras y una se usará dos veces).

manejo	**¡Apúrate!**	**llamamos**	**respeto**	**me**	**le**	**voy**
digo	**estoy**	**está**	**dejo**	**doy**	**da**	**ir**

Yo tengo una esposa. Ella va a tener un bebé. Un día, **(1)** ______________ dice: *"Tenemos que ir al hospital.* **(2)** ______________*"*. Nosotros nos subimos al coche, un **Saturn**, y yo **(3)** ______________________ al hospital. Pero yo no manejo rápido. **(4)** ______________ la ley. Manejo más despacio que la velocidad máxima. El viaje se hace muy largo y mi esposa **(5)** _________________ preocupada porque el bebé viene. **(6)** ______ suplica: *"¡Por favor, ¡Apúrate!"*. Yo le **(7)** ______________: *"Respeto la ley"*. Entonces, me suplica: *"¡Por favor, déjame manejar!"*. Pero yo no la **(8)** ____________ manejar y ¡mi esposa **(9)** _________________________ luz en el coche! Nosotros **(10)** _______________ el bebé ***Saturn***.

Minilectura cultural: Emergencias

Hay situaciones de mucha urgencia que nadie quiere tener. Esas situaciones se llaman emergencias y es importante actuar lo más rápido posible. Estas situaciones pasan frecuentemente en las ciudades, y especialmente en las rutas y calles. Los conductores muchas veces manejan sin respetar las señales de tránsito y entonces tienen un accidente. Una persona muy enferma o una mujer que va a tener un bebé son emergencias también.

En un automóvil en situación de emergencia, el conductor actúa de diferentes formas, pero es muy común sacar un **pañuelo**[1] blanco por la ventanilla del auto e ir a velocidad máxima para llegar a un centro médico rápidamente. En Colombia y en Perú, además de sacar el pañuelo blanco, los conductores tocan **bocinazos**[2] para pedir dejar libre la calle. Hasta hace unos años, en España se usaba el mismo sistema, pero ahora pueden **multar**[3] al conductor y es preferible llamar a una ambulancia. En Argentina, también es común el uso del pañuelo blanco en una emergencia.

En todos estos casos, mientras se conduce al hospital es importante atender al enfermo y tranquilizarlo hasta que los doctores lo examinen. Además, es importante que el conductor vaya atento al tráfico para no chocar y tener dos emergencias en vez de una.

[1]**handkerchief** [2]**honk horns** [3]**give a traffic ticket/fine**

√ Escribe un mini-cuento original usando las siguientes frases:
tocaron bocinazos, ¡Apúrate!, más despacio/rápido que, le suplicó

____

____

____

____

____

____

____

____

____

____

____

____

Mini-cuento C

no puede respirar/no podía respirar
está desesperado/estaba desesperado
camina/caminó tres cuadras
se niega/se negó
la señal de tránsito
se choca/se chocó

Tengo un amigo que se llama Roberto. Él estaba desesperado porque cada vez que caminaba por las calles se chocaba con una señal de tránsito. Nunca podía caminar sin chocarse con una señal. Siempre se chocaba y se lastimaba alguna parte del cuerpo. Se quejaba mucho porque siempre le dolía algo -la pierna, el brazo o el pie. Una vez, se chocó con una señal y se rompió la **muñeca**[1] izquierda. El doctor le puso un yeso y al regresar del hospital, el hombre se chocó con otra señal. Esta vez, se rompió la mano derecha. El doctor le puso otro yeso y le recomendó que llamara a un taxi para regresar a casa. El hombre se negó y salió caminando. Caminó tres cuadras sin chocarse con ninguna señal, pero acabó de llegar a la cuarta cuadra y se chocó con una señal de tránsito. Se lastimó la pierna, pero se negó a ir al doctor porque tenía vergüenza.

Chocarse con las señales de tránsito era un problema grande y mi amigo estaba desesperado. Fue a varios especialistas, pero nadie le podía decir por qué se chocaba con las señales. Nadie podía explicarle el problema, pero todos le dieron la misma solución: Que no camine más por las calles. Mi amigo, que era más **terco**[2] que un burro, se negó y siguió caminando por las calles y chocándose con las señales.

Al mes siguiente, Roberto iba a tener una cita con Lindsay Lohan y, para protegerse, se negó a caminar por las calles durante un mes entero. El día de la cita, Roberto salió de la casa a pie. Caminó tres cuadras y se acercó a la esquina de Broadway y la Cincuenta y uno. Acababa de llegar a la esquina, cuando se chocó violentamente con una señal de tránsito. Se lastimó la nariz y le dolió mucho. Su nariz era más grande que una zapatilla de Michael Jordan y esto era un gran problema porque tenía la cita con Lindsay. La nariz estaba tan inflamada que él no podía respirar. Se vio reflejado en la señal y al verse la nariz, se desesperó. Se negó a ir a la cita con Lindsay y fue directamente a la clínica.

El doctor le hizo un examen y no le salió bien. La noticia era muy mala: Roberto se rompió la nariz y necesitaba la terapia física. Roberto se negó hacerla porque era **degradante**[3]. La terapia consistía en meterse los dedos en la nariz y contar hasta cien, cien veces al día. Además, el doctor le dio un protector para la nariz. Roberto se puso el protector pero se negó a hacer la terapia. Salió de la clínica y caminó hacia la casa. Caminó seis cuadras y se acercó a la esquina de Broadway y la Cincuenta y uno. Acababa de pasar la esquina cuando vio una señal y no se chocó con ella; no era una señal de tránsito, sino un anuncio comercial de un especialista en resolver problemas. Decía: *"¿Tiene un problema? Llame a los especialistas. ¡Resultados garantizados!"*. Al principio, Roberto se negó a llamarlos, pero estaba tan desesperado que decidió hacer la llamada. Marcó el número y tuvo la siguiente conversación:

- *"Bueno, somos los especialistas en resolver problemas. ¿Cual es su problema?".*
    - *"No puedo caminar por las calles sin chocarme con una señal de tránsito".*
- *"¿Se lastima cuando se choca?".*
    - *"Sí, casi siempre. Hoy me choqué con una señal y me lastimé la nariz".*
- *"¿Se la rompió?".*
    - *"Sí, me la rompí y me duele mucho".*
- *"Pues, su problema es obvio: Está cerrando los ojos mientras camina. La solución es fácil: Abra sus ojos".*
    - *"¿De veras? ¿Cerrar los ojos es mi problema? ¡Muchas gracias!*

Como estaba desesperado, Roberto no se negó a seguir el consejo. Caminó hacia la casa y abrió los ojos. Caminó tres cuadras con los ojos abiertos y no se chocó con ninguna señal de tránsito. ¡Qué casualidad! Estaba tan alegre que caminó dos cientas cuarenta y una cuadras.... sin chocarse con ninguna señal de tránsito. Hoy día, Roberto no está desesperado porque ya no se choca con las señales. Ha caminado más de 1.234.567 cuadras sin chocarse. Su único problema es su nariz, que todavía está muy inflamada y es más grande que una zapatilla de Michael Jordan; y por eso, Lindsay se niega a salir con él.

[1]**wrist** [2]**stubborn** [3]**degrading**

Versión #2 del Mini-cuento C

√ Modifica Mini-cuento C como si fueras la persona que se choca con cualquier cosa. Incluye la información siguiente en la lectura. Hay una lista de vocabulario para ayudarte.

¿Con qué te chocas? ¿Cuándo te chocas?
¿Por qué te chocas? (Inventa una razón nueva.)
¿Cuál es la solución y dónde la encuentras?

camino/caminé/caminaba	me choco/me choqué	me niego/me negué
puedo/pude/podía	quiero/quería	es/era más grande que...
me lastimo/me lastimé	estoy/estuvo/estaba desesperado(a)	

Minilectura cultural: Publicidad

Caminando por las calles de distintas ciudades latinoamericanas, es común encontrar muchos comerciales. **Letreros** o **carteles**[1] publicitan diferentes **marcas**[2], y carteles luminosos indican qué quieren vender las empresas. Algunos letreros son muy divertidos, otros están tan cerca unos de otros que uno piensa que se pueden chocar. En realidad, hay tantos letreros o carteles que aburren a las personas y ya ni los miran.

Si caminamos una cuadra por cualquier ciudad importante de Latinoamérica, podremos ver más de dos letreros del mismo producto. Desesperadas por vender un producto de buena o mala calidad, las empresas se niegan a sacar los carteles.

En algunas ciudades de Latinoamérica, esto es un problema. En Argentina, se prohibió una publicidad en autopistas por distraer la atención de conductores. En Colombia, no se puede publicitar tabaco. En casi todos los países, está prohibida la publicidad de cigarrillos, aunque hay mensajes subliminales hasta en eventos deportivos que publicitan distintas marcas de cigarrillos.

[1]signs [2]brands

√ **Mira las siguientes señales de tránsito. Escribe el significado debajo de cada una.**

1.

No girar a la izquierda

____

2.

Contramano

____

3.

No avanzar

____

4.

Prohibición de circular (camión)

____

Mini-cuento D

como si fuera...	la saluda
empieza a/empezó a ...	se da cuenta/se dio cuenta
está mejor/se mejoró	sueña con/soñó con

Hay una chica que tiene problemas para dormir. Cuando duerme, sueña con cosas raras y por eso, hace cosas raras. Una vez, mientras dormía, soñó con ser médica. Se levantó, salió de las casa y se subió al coche. Prendió el motor, manejó por la **autopista**[1] y llegó al hospital. Entró en el salón de emergencias y todos los médicos y las enfermeras la saludaron. Ella los saludó ¡como si fuera médica! Atendió a los pacientes y todos los pacientes se mejoraron después que los atendió. Había un paciente que se estaba muriendo porque casi no podía respirar. Ella lo atendió y al acabar de atenderlo, él empezó a sentirse mejor. En este momento, la chica se despertó y se dio cuenta de que acababa de atender a un paciente como si fuera médica. Entonces, ella salió corriendo. Llegó a su casa y se acostó en su cama sin decirles a sus padres **que había salido**[2] de la casa.

Unos días después, mientras la chica dormía, soñó con ser corredora olímpica. Acostada en la cama, ella corrió como si fuera una corredora famosa. De repente, se levantó y salió corriendo de la casa. Normalmente, corre más despacio que una tortuga embarazada, pero esa noche corrió más rápido que Michael Johnson, ¡el corredor más rápido del mundo!

Corría por la calle y rápidamente llegó a la autopista. Corría por la autopista y la gente la saludaba como si fuera una atleta famosa. Soñaba que corría en una carrera olímpica y que los fanáticos la saludaban. Corrió mucho y empezó a **cansarse**[3]. Pronto, empezó a caminar. Mientras caminaba, se despertó y se dio cuenta de que estaba en la autopista. Empezó a gritar: *"¡Ay!"*, y un coche la **atropelló**[4]. Se lastimó la pierna y le dolió mucho. Por eso, empezó a llorar. La llevaron al hospital y al llegar, los doctores y las enfermeras la reconocieron de la noche anterior. La saludaron como si fuera doctora y entonces se dieron cuenta de que estaba allí como paciente, no como doctora. Le hicieron un examen y luego le dieron la mala noticia: La pierna estaba rota. Le pusieron un yeso y pronto se sintió mejor; la pierna no le dolió tanto.

A la noche siguiente, la chica dormía en su cama y otra vez soñaba con ser médica. Soñó que inventaba un tratamiento nuevo parar curar piernas rotas. Mientras soñaba, ella se hizo el tratamiento y pronto se levantó. Empezó a caminar en la pierna rota. Caminó como si fuera una persona normal con dos piernas buenas. La pierna no le dolió para nada, así que la chica empezó a correr. Corrió y la pierna todavía no le dolió. La chica se dio cuenta de que su pierna estaba mejor. Con el tratamiento, la pierna se curó por completo. De repente, la chica se despertó y se dio cuenta de que había inventado un tratamiento increíble. Lo más rápido posible, la chica corrió al hospital y al llegar, todos los médicos la saludaron como si fuera doctora. La escucharon como si fuera doctora también. Ella les explicó su tratamiento para curar piernas rotas y todos estuvieron muy impresionados. Dos meses después, la chica recibió el Premio NOBEL de Medicina.

[1]**freeway** [2]**that she had left** [3]**to get tired/to tire** [4]**ran her over**

√ Contesta las siguientes preguntas.

1. Los expertos dicen que todos sueñan ¿Con qué sueñas tú?

2. ¿Te levantas mientras duermes? ¿Conoces a alguien que se levanta mientras duerme? Describe lo que pasa.

3. ¡Imagínate! Describe el tratamiento que inventó la chica.

Versión #2 de Mini-cuento D

√ Haz que tu compañero(a) llene los espacios en blanco, según la descripción que se encuentra debajo de éstos para crear una modificación "Mad Lib" del Mini-cuento D.

sustantive = noun **adjetivo = adjective**
adverbio = adverb **número = number**

Una noche, Linda, una ____________ (sustantivo) de ______ (número) años con un(a) ____________ (sustantivo) roto(a), duerme. Cuando está dormida, ella se levanta, y se pone un ________________ (nombre - ropa). Está ______________ (adjetivo) porque va a correr un maratón. Vestida con ______________ (ropa) y un yeso en el/la ________________ (nombre -parte del cuerpo), ella sale de la casa y empieza a ____________ (verbo). Corre tres cuadras y entra en la autopista. Toda la gente le ____________ (verbo) y Linda les grita a ellos: "__________________ (una frase)". Después de ________ (número) millas, ella se despierta y se da cuenta de que está en el/la ________________ (sustantivo - un lugar). Empieza a ______________ (verbo infinitivo). Empieza a correr de nuevo y ¡corre más rápido que un(a) ____________________ (sustantivo)! La gente la mira y le grita: "____________________ (una frase)". Linda se da cuenta de que ____________________ (una frase). Ella corre a __________________ (sustantivo - un lugar) y les explica su forma de correr maratones con un(a) ________________ (sustantivo) roto(a). Dos días más tarde, ella gana ________________________ (sustantivo).

Minilectura cultural: Maratones

Un maratón es una prueba atlética de categoría olímpica. Los participantes deben correr a pie diferentes distancias, la más extensa es de 42 kilómetros. Es común que se realicen maratones en las grandes ciudades. Ese día los maratonistas muy emocionados corren por las avenidas y autopistas. Entonces, se dan cuenta de la cantidad de personas que los están aplaudiendo. Muy contentos, los participantes a veces saludan con la mano, sobre todo en el comienzo. Hace mucho tiempo sólo participaban hombres, pero desde hace varios años comenzaron las carreras para mujeres.

En casi todos los países latinoamericanos hay maratones, algunos más importantes que otros. En Venezuela, el más importante y antiguo es el maratón de San Sebastián a fin del mes de enero. En Uruguay, el más popular es el maratón de Colonia. En Argentina, se realizan maratones, generalmente en épocas de vacaciones en los lugares turísticos. Perú realiza maratones desde hace poco tiempo, pero ya tienen **equipos**[1]. En Argentina, Colombia, Venezuela, Chile y Argentina también se realizan maratones en **patines**[2].

[1]**teams** [2]**rollerskates**

√ Imagínate que corriste un maratón. Escribe un mini-cuento acerca de tu experiencia. Describe cómo te sentiste, dónde corriste, cómo hiciste, etc.

Capítulo dos

¡Qué mala suerte!

Lectura: ¡Qué mala suerte!

Pedro, que **había roto**[1] la pierna hace cinco semanas, se volvía loco pensando en conseguir la licencia de manejar. . Quería manejar más que nada en el mundo y no podía pensar en otra cosa. Por eso, no estudiaba. No se negaba a estudiar, sino que no podía estudiar. Durante cinco semanas no pudo concentrarse, ni prestar atención en las clases, y esto afectó sus notas, especialmente las de la clase de español. La cita con el médico se acercaba. Sólo quedaba una semana más, pero se hacía muy larga para Pedro. Cada noche, soñaba con manejar. Soñó que era conductor profesional; soñó que era chofer de modelos bellas; soñó con coches nuevos. Pero cada mañana, se despertaba desesperado porque sólo eran sueños.

Por fin, el día de la cita llegó. Se subieron al coche y Pedro le suplicó: *"¡Apúrate, Mamá!"*. El doctor entró en la sala y saludó a a la madre de Pedro, pero no saludó a Pedro. Lo trató como si fuera un niño de plástico, así que Pedro no le habló al médico ni lo miró. Sin hablar, el médico le hizo un examen y esto se hizo muy largo para Pedro. Pedro estaba tan nervioso que no podía respirar. Por fin, el médico le dijo: *"Tengo una noticia buena y otra mala. ¿Cuál quieres que te diga primero?"*. Pedro le dijo que la la buena, así que el médico le dio la noticia buena: *"Podemos quitarte el yeso"*. Luego le dio la noticia mala: *"Necesitas dos semanas de terapia física antes de poder caminar normalmente y poder manejar"*. ¡Increíble! ¡Qué mala suerte! Pedro se volvió loco y se negó a hablar con nadie. Salieron de la oficina en silencio. Fueron a la clínica de terapia física y Pedro hizo ejercicios durante una media hora. La cita se hacía muy larga para Pedro porque todo era muy difícil para él y la pierna le dolía mucho. Por fin, **se acabó**[2] la media hora y otra vez, salieron en silencio.

Se subieron al coche y su madre se puso el cinturón de seguridad y prendió el motor. Empezó a manejar, y Pedro todavía no se había puesto el cinturón. Su madre se enojó y le dijo: *"¡Nunca te dejaré manejar, si no te pones el cinturón de seguridad! ¡Ponérselo tiene que ser un hábito!"*. Lo más pronto posible, Pedro se lo puso. Acababan de llegar a la casa cuando Pedro prendió la televisión. Su madre se enojó de nuevo y le dijo: *"Pedro, no vas a manejar hasta que mejores tus notas"*.

Pedro se negó a estudiar y sin decirle a su madre, salió de la casa y fue a comprarle un regalo. Pensó que si le daba un regalo, lo dejaría manejar con notas malas. Así que le compró un collar espectacular. Llegó a la casa y le regaló el collar. Su madre lo miró y le dijo: *"Gracias, mi hijo. Eres un buen muchacho. Ahora, ¡a estudiar!"*. ¡Qué mala suerte! Pedro se dio cuenta de que no iba a manejar si tenía notas malas, así que empezó a estudiar. Desesperado, estudió e hizo la "terapia física" durante las dos semanas. Las semanas se hacían muy, muy largas, pero Pedro hizo todo bien y por fin, pudo manejar.

(cont.'d)

Capítulo dos

Terminó la última cita de la "terapia física" y aunque la casa quedaba un poco lejos, Pedro le suplicó a su madre: *"Por favor, déjame manejar"*. Casi no podía respirar mientras esperaba la respuesta y por fin su madre respondió: *"Está bien, pero maneja cuidadosamente"*. Se subieron al coche, se pusieron los cinturones de seguridad y Pedro prendió el motor. Empezó a manejar más despacio que una tortuga porque estaba nervioso. Manejaba cuidadosamente. respetando las señales de tránsito en la autopista y en las calles y su madre estaba muy satisfecha... hasta que él vio a una chica bellísima cruzando la calle. Pedro trató de impresionarla y no manejó cuidadosamente. No prestó atención y chocó contra la señal de tránsito que estaba en la esquina. Chocó tan fuerte que el motor se cayó del coche.

¡Qué vergüenza! ¡Qué horror! **¡Qué mala suerte!** Pedro empezó a llorar y su madre también. ¡El coche de la familia estaba destruido! En ese momento, Pedro se dio cuenta de que no iba a manejar, ni a conseguir su licencia por mucho, mucho tiempo. Caminaron tres millas y al llegar a casa, Pedro entró en su dormitorio y estudió español. Hoy día, Pedro es profesor de español.

[1]had broken **[2]the half-hour ended (time ran out)**

√ Contesta las siguientes preguntas.

1. ¿Por qué le regaló Pedro un collar a su madre?

2. ¿Cuáles son las buenas noticias y las malas noticias que le dio el doctor?

3. ¿Cuál es un buen hábito para un conductor? ¿Tienes tú este hábito? ¿Por qué es importante?

4. ¿Adónde manejaba Pedro cuando tuvo el accidente? ¿Tenía que manejar durante una distancia larga? ¿Cómo sabes?

5. ¿Cómo ocurrió el accidente?

6. ¿Cuál es la diferencia entre *"acaba de (llegar)"* y *"(el tiempo) se acabó"*?

7. ¿Qué piensas? ¿Qué le dijo el papá a Pedro cuando supo del accidente?

√ Escribe las siguientes oraciones en orden, según los eventos del Episodio 1 (del capítulo uno) y los del Episodio 2 (del capítulo dos).

A. La madre lo acompañó a manejar.

B. Le quitaron el yeso a Pedro.

C. Pedro se hizo profesor de español.

D. Pedro miró a una chica bella.

E. Pedro se lastimó la pierna.

F, Pedro le regaló un collar a su madre.

G. El coche chocó con una señal de tránsito.

H. Pedro cumplió dieciséis años.

I. Caminaron hacia la casa.

J. Pedro hizo terapia física.

K. Pedro esperó los resultados de su examen de español.

L. Ángela le prestó su libro a Pedro.

1. ______________________________

2. ______________________________

3. ______________________________

4. ______________________________

5. ______________________________

6. ______________________________

7. ______________________________

8. ______________________________

9. ______________________________

10. ______________________________

11. ______________________________

12. ______________________________

Capítulo dos

√ **Escribe Verdadero o Falso antes de cada frase, según los datos del episodio.**

___ 1. Pedro tiene dieciséis años.

___ 2. Pedro lleva un yeso en la pierna.

___ 3. Para Pedro, el tiempo **vuela.**[1]

___ 4. Pedro es buen estudiante.

___ 5. La madre lo acompaña a manejar cada día.

___ 6. Pedro se choca con una chica bonita.

[1]**flies**

___ 7. A Pedro le encanta el español.

___ 8. Pedro no hace su terapia física.

___ 9. A la madre le gustó el collar.

___ 10. El motor se cae del coche.

___ 11. Pedro llora porque no puede pasear con la chica bellísima.

___ 12. La mamá llora porque Pedro no puede conseguir su licencia.

Episodio 2: Continuación

√ **Escribe y dibuja una continuación del episodio. Describe lo que pasa después del accidente.**

____

____

____

____

____

____

____

____

____

____

____

____

____

____

____

Pablo y su ofrenda perdida

Había un hombre que se llamaba Pablo. El 31 de octubre, Pablo tuvo un terrible accidente: se cayó y su cabeza se chocó violentamente con el suelo. Se rompió el cráneo y el pobre Pablo se murió. El 2 de noviembre, el Día de los Muertos, a la una y media de la mañana, Pablo fue al pueblo donde vivía y buscaba su altar. Buscaba y buscaba, pero ¡no podía encontrar su casa, ni su ofrenda! Como todos los muertos, su memoria era muy mala y no recordó dónde estaba la casa. Quería encontrar su ofrenda y visitar a su familia y amigos. De pronto, mientras buscaba la casa, vio un esqueleto a lo lejos. El esqueleto se llamaba Flaca. Pablo se acercó a Flaca y le dijo:

- Busco mi ofrenda pero no la encuentro.
- Flaca le responde: «Hombre, es obvio. Busca la CASA primero».
- Pero no encuentro la casa tampoco, dijo Pablo.
- Flaca le respondió: «Pues, busca una casa con una ofrenda con muchas flores».

Pablo le dio las gracias y siguió buscando una casa con una ofrenda con muchas flores. ¡Muy pronto encontró que había cuatrocientas cuarenta y cuatro (444) casas con ofrendas con muchas flores. ¡Qué problema! Así que buscaba por todas partes pero no encontró la casa. Entonces, se encontró con otro esqueleto que se llamaba Machaco. Pablo le dijo:

- «Busco mi ofrenda pero no la encuentro. Hay tantas casas con ofrendas con muchas flores que no puedo encontrarla.

Machaco le respondió: «Pues, busca una casa con una vela encendida que es blanca y grande».

Pablo le dio las gracias y siguió buscando una casa con una vela blanca y grande encendida. ¡Muy pronto descubrió que había cuatrocientas cuarenta y cuatro casas con velas blancas y grandes encendidas!

Un poco desesperado, miró para todas partes y vio a otro esqueleto en la distancia. Se llamaba Muvaca. Se dirigió hacia él y le dijo:

- Busco mi ofrenda pero no puedo encontrarla Hay muchas casas con velas blancas y grandes encendidas y muchas ofrendas con flores, y por eso no puedo encontrar mi casa.

Muvaca le dijo: «Hombre, es muy obvio. Busca una casa con una ofrenda con pan de muerto».

Pablo le dio las gracias y otra vez siguió buscando su casa. Buscaba una casa con una ofrenda con pan de muerto, pero había un problema: cada una de las cuatrocientas cuarenta y cuatro casas con ofrendas tenía pan de muerto.

Capítulo dos

Ahora muy desesperado, miró para todas partes y vio a otro esqueleto en la distancia. Se llamaba Macarena. Se acercó y le dijo:

- Busco mi ofrenda pero no puedo encontrarla. Hay muchas ofrendas y muchas flores y muchas velas, y también mucho pan de muerto.

Macarena le dijo: «Hombre, es muy, muy obvio. ¡Busca la ofrenda con tu foto!».

Pablo le dio las gracias y salió corriendo a buscar su casa. Iba de casa en casa buscando su foto. Había muchas casas con ofrendas, pero se dio cuenta de que había una casa que no tenía ni una. Miró por la ventana y ¡Qué sorpresa! Había una foto de él en una mesa. Pablo pensó: «¿Por qué no me hacen una ofrenda?», y se puso un poco triste. Un esqueleto lo vio, se le acercó y le preguntó:

- ¿Por qué estás tan triste?
- Porque mi familia no me hizo una ofrenda, le respondió Pablo.

El equeleto lo miró y se rió: «Hombre tonto, las ofrendas son para los muertos, no para los LOCOS!».

¿Comprendes?

√ Contesta las siguientes preguntas sobre Pablo y su ofrenda perdida.

1. ¿Qué le pasa a Pablo?

2. ¿Qué busca ? ¿Por qué la busca?

3. ¿Qué llevan las ofrendas?

4. ¿Por qué no puede encontrar la casa Pablo?

5. ¿Por qué le dice el último esqueleto: «Hombre tonto, las ofrendas son para los muertos, no para los LOCOS!»?

6. Si hoy fuera el Día de los Muertos. ¿A quién honrarías/recordarías? ¿Por qué?

Capítulo tres: Señor Rezongón
Vocabulario nuevo

Mini-cuento A

quiero que salga

está/estaba de mal humor

prefiere que te quedes

no la obedece/obedeció

oye/oyó/oía

lo atrapa/lo atrapó

Mini-cuento B

engorda/engordó

está/estaba de moda

baja de peso/bajó de peso

en vez de

trepa/trepaba/trepó a la cima

se enoja/se enojó

Mini-cuento C

se da mucha prisa/
se dio mucha prisa

sube/subió la escalera

tiene ganas/tenía ganas

le cae bien/le cayó bien

vuelve la cara/volvió la cara

quiero que me acompañes

Mini-cuento D

se desmaya/se desmayó

se llenan.../se llenaron de lágrimas

cepillo de dientes

no quiere que vaya

está.../estuvo tan agradecida

se divierte/se divirtió

* While *bajar de peso* is commonly used in Latin America, *adelgazar* is used in Spain.

Mini-cuento A

quiero que salga	no la obedece/obedeció
está/estaba de mal humor	oye/oyó/oía
prefiere que te quedes	lo atrapa/lo atrapó

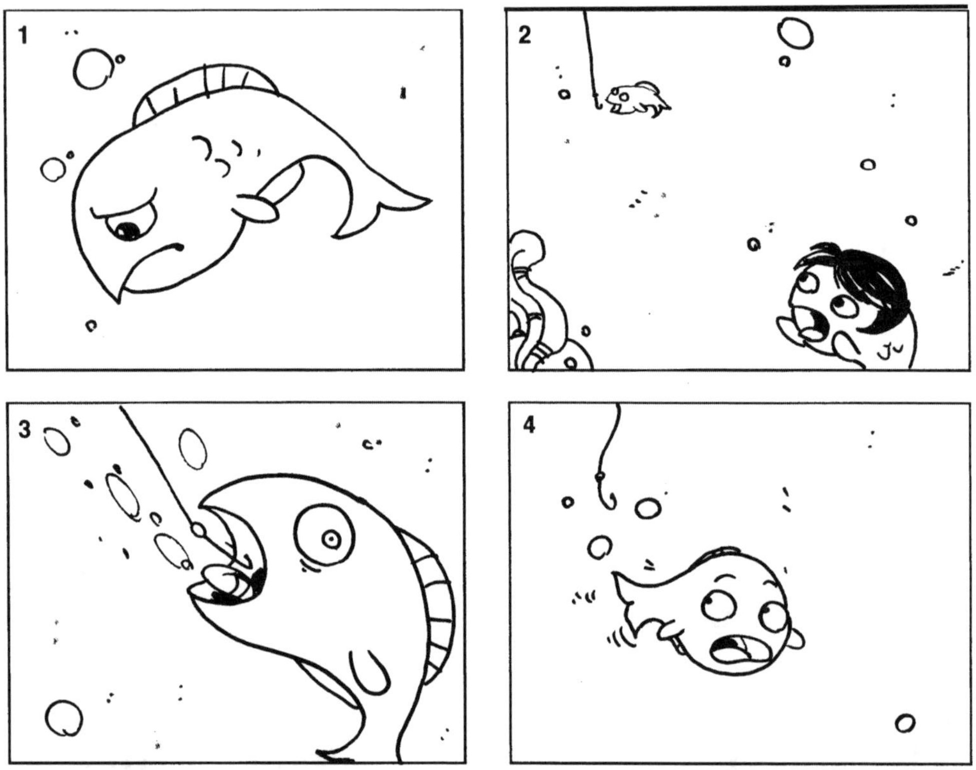

En el **fondo del Lago**[1] Titicaca en el Perú, vivía un pez que se llamaba Néstor. Néstor era muy pequeño y, **a pesar de**[2] que comía suplementos de proteína y hacía ejercicios, se quedó muy pequeño. Por eso, siempre estaba de mal humor. Además de ser muy pequeño, Néstor se sentía frustrado porque el agua en el fondo del lago estaba muy fría y a él no le gustaba el frío. Más que nada, le gustaba nadar por arriba donde el agua era más cálida, pero su madre se lo prohibía, diciéndole: *"No quiero que salgas de fondo. Prefiero que te quedes aquí en el fondo donde no es tan peligroso".* Día tras día, Néstor soñaba con salir del fondo para nadar en aguas más cálidas, pero mientras soñaba, oía la voz de su madre: *"No quiero que salgas del fondo. Prefiero que te quedes aquí en el fondo donde no es tan peligroso".* Néstor era un pez bueno y siempre **había obedecido**[3] a su madre, aunque últimamente se le hacía cada vez más difícil.

Néstor era el más joven de siete hermanos y su madre lo cuidaba bien. Lo protegía como si fuera un bebé. La madre de Néstor se preocupaba mucho porque cuando era una niña, su madre y su hermana subieron a las aguas más cálidas de arriba y mientras nadaban, un pescador atrapó a la tía de Néstor. La abuela no pudo hacer nada, y nunca jamás volvió a ver a su hija. La abuela de Néstor nunca se recuperó y por eso, ahora su hija se preocupaba constantemente, así que Néstor siempre la obedecía, quedándose en el fondo.

Cuando tenía dieciséis años, Néstor quería visitar a su hermano mayor que estudiaba en la Universidad de Aguas Cálidas. Un día, le pidió a su madre para ir a visitarlo, pero ella le respondió: *"No quiero que salgas del fondo. Prefiero que te quedes aquí en el fondo donde no es tan peligroso. ¡Un pescador te puede atrapar!".* Néstor se quejó: *"No es justo. ¿Por qué mi hermano puede quedarse en las aguas más cálidas de arriba, pero yo no?".* -*"Porque eres muy pequeño,"* respondió su madre. Al oír esto, Néstor estuvo de muy mal humor y no la obedeció durante todo el día. Como resultado, su madre también estuvo de muy mal humor todo el día y le dijo: *"Prefiero que te quedes en tu cuarto el resto del día".* Néstor se quedó en su cuarto y no salió por tres días.

Cuando Néstor cumplió dieciocho años, quiso ir a la Universidad de Aguas Cálidas, pero su madre le dijo: *"No quiero que salgas del fondo. Prefiero que te quedes aquí en el fondo donde no es tan peligroso. ¿Por qué no vas a la Universidad de Aguas Frías?".* Como siempre, Néstor obedeció a su madre y se quedó en el fondo, viviendo en casa y estudiando en la Universidad de Aguas Frías. Día tras día, pensaba en salir del fondo, pero siempre oía la voz de su madre: *"No quiero que salgas del fondo. Prefiero que te quedes aquí en el fondo donde no es tan peligroso".* Los años en la universidad se hacían muy largos para Néstor porque él no tenía amigos. Siempre estaba de mal humor, así que los otros estudiantes decían sobre él: *"Preferimos que él se quede en casa, porque siempre está de mal humor".*

Por fin, Néstor se graduó de la universidad y fue a buscar trabajo. Tenía veintidós años y quería buscar trabajo arriba en las aguas cálidas, pero su madre (como siempre) le dijo: *"No quiero que salgas del fondo. Prefiero que te quedes aquí en el fondo donde no es tan peligroso. ¡Arriba te puede atrapar un pescador!".* Desesperado, Néstor no la obedeció y salió del fondo, subiendo a las aguas más cálidas de arriba. Ni bien acabó de llegar a las aguas cálidas y un pescador lo atrapó. En ese momento, Néstor oyó la voz de su madre: *"No quiero que salgas del fondo. Prefiero que te quedes aquí en el fondo donde no es tan peligroso. ¡Un pescador te puede atrapar arriba!". ¡Pobre Néstor!*

[1]at the bottom of the lake **[2]in spite of** **[3]had obeyed**

√ Contesta a las siguientes preguntas.

1. ¿Dónde vivía el pez? ¿Por qué no le gustaba donde vivía?

2. ¿Por qué estaba de mal humor?

3. ¿Por qué no lo dejó salir su madre hacia las aguas de arriba?

4. ¿Siempre obedeces a tu madre? Escribe sobre una vez en que no la obedeciste.

Mini-cuento A; Versión #2

√ Escribe un final nuevo para Mini-cuento A. Describe lo que le pasa a Néstor cuando se sube a las aguas de arriba. Incluye una moraleja al final de tu cuento y tantas de las siguientes frases como puedas:

(no) quiero que salgas, prefiero que (no) te quedes, quiero que me obedezcas, (no) quiero que te atrape, (no) quiero que me atrape, ¿Quieres que te atrape?

Moraleja:

Mini-lectura cultural: El Lago Titicaca

El Lago Titicaca que está situada en Perú es uno de los lugares más hermosos y misteriosos de América del Sur. Este lago, de casi 8.500 metros cuadrados y una profundidad de 280 metros, es el segundo más grande de Sudamérica. Se necesita 7 días para atravesarlo en barco. Además, es el lago navegable más alto del mundo: Está a 3800 metros sobre el **nivel**[1] del mar. Sus aguas azules y transparentes son conocidas por sus famosas islas flotantes.

El Lago Titicaca fue centro de la cultura Inca en el pasado y hoy es considerado uno de los lugares más puros del mundo. Hay muchas leyendas sobre este gran lago. Según algunas leyendas, allí buscaron refugio el Sol y la Luna durante el **diluvio**[2] y allí se reunieron los dioses que crearon el mundo. Otras cuentan que el Sol, padre del **Inca Manco Capac**[3] y de su hermana, pidió a sus hijos fundar un imperio que agrupara a las culturas aborígenes. Otras hablan de una ciudad antigua cuyos restos están en el fondo del lago. Una expedición realizada en 2002 encontró restos de esa posible ciudad y otra expedición encontró en el fondo del lago, sobre una roca enorme, una gran estatua que representaba una llama.

Atraídos por la belleza del lago y las leyendas que se oyen sobre éste, turistas de todo el mundo visitan el lago entre mayo y octubre, la mejor época para navegar sus aguas. Los turistas tienen que cuidarse porque hace mucho frío, especialmente por las noches. El frío y la altitud afectan a los turistas que no están acostumbrados a la altura ni al frío.

[1]level [2]deluge [3]First Inca King. Considered to be Sun God's son.

√ Contesta a las siguientes preguntas.

1. Busca información en Internet sobre los siguientes temas referidos al lago Titicaca y describe cada tema con tus propias palabras.
   a.) islas flotantes:

   b.) lanchas de los indígenas:

   c.) la gente indígena:

2. ¿Quieres visitar el lago Titicaca? Explíca por qué sí o no.

3. Investiga sobre los lagos de Sudamérica. ¿Cómo se llama el lago más grande? ¿Dónde está ubicado?

Capítulo tres

√ Llena los espacios en blanco con una respuesta apropiada.

1. En vez de ir a la escuela, el profesor fue a ______________________________ .
2. En vez de ir a la escuela, el estudiante fue a ___________________________ .
3. En vez de estudiar, los estudiantes ______________________________________ .
4. En vez de hablar con Oprah, yo hablaría con ____________________________ .
5. En vez de comprar comida, el hijo compró ______________________________ .
6. En vez de leer ____________________, yo leí ______________________ .
7. En vez de ir a la biblioteca, el hijo / la hija fue a ___________________ .
8. En vez de montar a caballo, (name) se montó en ______________________ .
9. En vez de preparar un pastel de chocolate, yo preparé, ___________________ .
10. En vez de ir al Perú, yo iría a ____ .

Mini-cuento B

engorda/engordó	**trepa/trepaba/trepó a la cima**
está/estaba de moda	**en vez de**
baja de peso/bajó de peso	**se enoja/se enojó**

Había una muchacha que se llamaba Paloma. Paloma era muy inteligente y muy bonita. A la madre de Paloma, le gustaba cocinar más que nada en el mundo. Su madre cocinaba catorce horas al día, siete días por semana. Preparaba dulce de leche, flan, pasteles, pan dulce, arroz con pollo, bistec, papas, tortillas, enchiladas, tamales, etc. Cada vez que cocinaba algo, le decía a Paloma: *"¡Come, come, come!"*. En vez de salir con sus amigas, Paloma comía la comida que había preparado su madre. Así que Paloma engordó bastante. Engordó tanto que no pudo vestirse más con ropa a la moda. Un día, se dio cuenta de que había engordado mucho cuando fue a la tienda para comprar un vestido a la moda para su quinceañera. Trató de ponérselo, pero no pudo porque estaba demasiado gorda. Paloma se puso triste y dijo: *"Mira, soy demasiado gorda para ponerme un vestido a la moda. ¡Qué vergüenza!"*. En ese momento decidió ponerse a dieta.

Cuando regresó de hacer compras, Paloma le dijo a su madre que quería bajar de peso. Su mamá le preguntó por qué y Paloma le explicó que no pudo comprarse un vestido a la moda para su quinceañera porque estaba demasiado gorda. Le dijo: *"Mira, soy demasiado gorda. En vez de comer, yo voy a hacer ejercicios para bajar de peso"*. Su madre se enojó porque le encantaba cocinar. Acabó de preparar pan dulce y le dio uno, diciéndole: *"¡Come, come, come!"*. Paloma se negó a comerlo: *"Quiero bajar de peso Mamá. Si como pan dulce, voy a engordar más"*. Su madre le suplicó que fuera a la tienda para mujeres de talla grandes. Paloma se enojó y salió de la casa, pero en vez de ir a la tienda para mujeres de talla grandes, fue a la montaña para hacer ejercicios. Trepó a la cima de la montaña, pero se aburrió de estar sola. Entonces, tuvo una idea: En vez de comprar un vestido a la moda, iba a comprar un perro. Paloma pensó: *"Un perro puede acompañarme a trepar a la cima de la montaña"*.

Lo más rápido posible, Paloma fue a comprar un perro. Lo compró y lo llevó a su casa. Cuando llegó, su madre vio el perro y exclamó: *"¡¿Compraste un perro en vez de un vestido?!"*. Su madre se enojó y le dio a Paloma un bistec que acababa de preparar. Paloma se sentó a la mesa, tomó un pedazo y en secreto se lo dio al perro que estaba debajo de la mesa. El perro comió todo el bistec. Paloma se puso contenta y su madre también.

Día tras día, Paloma trepaba a la cima de la montaña y le daba su comida al perro. Pronto, Paloma bajó de peso. Su mamá pensó que era porque iba con el perro a la cima de la montaña todos los días, ¡pero en realidad, bajó de peso porque le daba su comida al Perro todos los días! Paloma se puso muy flaca y fue a una agencia de modelos para tener una entrevista de trabajo. Los agentes miraron a Paloma y le dijeron: *"Lo sentimos, pero estás demasiado flaca"*. Paloma se enojó y regresó a su casa. Desde ese día, Paloma ya no le dio su comida al perro. Comía todo, pero seguía trepando a la cima de la montaña. Engordó un poco y regresó a la agencia de modelos. Los agentes miraron a Paloma y le dijeron: *"Ahora estás perfecta. Te ves muy atlética y sana"*. Finalmente, Paloma se puso a trabajar de modelo y Mamá, Paloma y el perro se quedaron muy contentos.

Capítulo tres

√ Contesta a las siguientes preguntas con Falso o Verdadero.

______ 1. A la mamá de Paloma le gustaba comer más que cocinar.

______ 2. Paloma se dio cuenta de que había engordado cuando se miró en el espejo.

______ 3. En vez de comprar un vestido, Paloma compró un perro.

______ 4. Cada vez que cocinaba algo, su madre le decía a Paloma: *"¡Comes demasiado, Gordita!"*.

______ 5. Paloma trepaba con su perro todos los días.

______ 6. Paloma bajó de peso y según la agencia de modelos, estaba demasiado flaca.

______ 7. La agencia de modelos prefiere modelos atléticas y sanas.

______ 8. Al final, el perro no estaba contento porque ya no recibía comida de Paloma.

Mini-cuento B: Versión #2

Paloma era una muchacha muy bonita pero a su madre le gustaba cocinar más que nada en el mundo y todos los días le decía: *"¡Come, come, come!"*. Paloma engordó comiendo la comida que su madre le preparaba. Paloma engordó tanto que ya no pudo ponerse la ropa y se puso triste. Además, su madre le suplicaba: *"No quiero que salgas. Prefiero que te quedes en casa comiendo mi comida"*. Por eso, en vez de salir con sus amigos, Paloma se quedaba en casa comiendo la comida de su madre.

Día tras día Paloma comía la comida de su madre. Engordó tanto que unos reporteros vinieron a la casa para verla y hacerle una entrevista a Paloma. También entrevistaron a su madre y pusieron las entrevistas en la televisión. Oprah vio a Paloma en la televisión y la invitó a participar en una dieta especial que se llamaba La Dieta O. En esa dieta, una persona sólo puede comer comida que empieza con la letra 'O'. Como no hay mucha comida que empiece con la letra 'O', Paloma no comía mucho y su madre tampoco cocinaba mucho.

Su madre le suplicaba: *"Paloma, déjame cocinar. No hay nada que cocinar que empiece con la letra O"*, pero Paloma seguía con la dieta y poco a poco, bajaba de peso. Oprah la invitó a su programa y mientras estaba en el programa Tyre Banks la vio. Tyre la invitó a su competencia "Americas's Next Top Model". Paloma fue a Nueva York para participar en la competencia, pero había bajado de peso aún más y cuando Tyre la vio, canceló la entrevista diciéndole: *"Paloma, lo siento, pero tú estás demasiado flaca para ser la próxima modelo de América"*. Paloma se enojó y fue a la tienda 'Halloween Town' para ser modelo del esqueleto espantoso.

Hoy día, Paloma es el esqueleto de Halloween, pero no está contenta. Sólo puede trabajar durante el mes de octubre y está tan flaca que aún la ropa de las modelos no le queda bien.

Minilectura cultural: Modelos

La carrera de modelo requiere **esfuerzo**[1] y dedicación. Las modelos latinas son muy buscadas en el mundo de la moda. En Venezuela, Colombia y Puerto Rico hay modelos de una belleza muy particular que también participan de Concursos de Belleza. En Chile y en Argentina hay bonitas modelos, algunas famosas internacionalmente y con una belleza similar a la europea.

Para estar en la cima, algunas modelos se someten a dietas muy peligrosas y cuando engordan, deben bajar de peso rápidamente para participar en **desfiles**[2]. Las modelos muy jóvenes sienten mucha presión y sólo beben agua durante días para bajar de peso y lucir hermosas.

Un caso bastante conocido en Latinoamérica es el de dos hermanas uruguayas que enfermaron y murieron -según se rumorea- por hacer una dieta rigurosa. El caso fue investigado por médicos forenses, quienes no pudieron determinar la causa de la muerte de las dos modelos.

En Europa, especialmente en España, Londres y Milán, han resuelto prestar atención a la **salud**[3] de las modelos. Por eso, los centros de moda internacional de estos lugares imponen medidas y masa corporal mínimas para las modelos.

[1]**effort** [2]**fashion shows** [3]**health**

Para leer más acerca de modelos, visita estos sitios de la Web: www.topclass.com.co ; www.dottomodels.com.

√ **Contesta las siguientes preguntas según tu propia opinión.**

1. Describe a una modelo perfecta.

2. ¿Son las modelos demasiado flacas? ¿La necesidad de ser tan flaca tiene una mala influencia en las chicas jóvenes?

3. ¿Qué piensas de la sexualidad que contiene la fotografía y videografía de las modelos? ¿Es bueno o malo para la sociedad? Explícalo.

4. ¿Deben existir reglas o leyes para controlar el negocio de las modelos? ¿Necesitan las modelos protección de agentes muy exigentes*?

*demanding

Mini-cuento C

se da mucha prisa/se dio mucha prisa	sube/subió la escalera
tiene ganas/tenía ganas	le cae bien/le cayó bien
vuelve la cara/volvió la cara	quiero que me acompañes

Había un chamaco de México que se llamaba Javier. Javier era guapo, alto e inteligente, pero tenía un gran problema: tenía mal aliento. Comía mucho ajo, y por eso, tenía mal aliento. Les caía muy bien a las muchachas desde lejos; pero un día, cuando se le acercaron, se dieron cuenta de que tenía mal aliento. Javier les dijo a varias chicas: *"Quiero que me acompañen al cine o a comer"*, pero nadie tenía ganas de salir con él porque su mal aliento era muy fuerte. Javier se puso triste porque nadie lo acompañaba a ningún lado y nunca sabía por qué.

Un día, Javier iba a la escuela un poco tarde. Cuando se dio cuenta de que era tarde, se dio prisa y subió la escalera rápidamente, mientras una chica bonita bajaba. La chica, que sufría de gripe, se llamaba Paloma. Era linda y atlética. Se chocaron en la escalera y al instante, Javier le cayó muy bien a Paloma. Paloma le cayó muy bien a Javier también, así que él la invito al cine: *"Quiero que me acompañes al cine. ¿Qué piensas?"*. Paloma se puso contenta y le dijo que sí.

La tarde de la cita, Javier manejó hasta la casa de Paloma. Ese día, Paloma se sentía mejor y ya no sufría de gripe. Ella oyó llegar al carro de Javier y se dio mucha prisa al bajar por la escalera porque tenía ganas de ver a Javier. Se subió al coche y Javier manejó hasta el pie de la Montaña Romántica. Cuando llegaron, Paloma se dio cuenta de que no estaban en el cine y ella se enojó. Tenía ganas de ver una película, no tenía ganas de trepar a la cima de una montaña. Javier, al contrario, tenía ganas de quedarse allí. Le preguntó a Paloma: *"¿No quieres acompañarme a subir a la montaña?"*. A Paloma le caía bien Javier, pero no quería quedarse allí con él, ni subir a la montaña. Paloma volvió la cara hacia la ventana y le respondió: *"Me preguntaste si quiero acompañarte al cine, no a subir a la montaña"*. *"¿Estás de mal humor?"*, le preguntó a Paloma. *"No"*, respondió a duras penas.

Otra vez, Javier le habló y ella volvió la cara hacia la ventana y no lo miró. Por fin, Javier le preguntó: *"¿Quieres acompañarme al cine?"*. Paloma no quería que Javier se sintiera mal, pero no quería acompañarlo a ningún lado porque era evidente que él había comido pescado al ajo y por eso, tenía mal aliento. Entonces, ella le dijo: *"Quiero que me acompañes a la tienda"*. Javier se dio prisa para ir a la tienda. Pensó que Paloma quería comprar chocolate, pero en vez de chocolate, Paloma compró unos caramelos de menta. (La caja decía: "curiosamente fuertes") Le dio un caramelo a Javier y en ese momento, Javier se dio cuenta de que tenía mal aliento. Se dio prisa para comer el caramelo. Mientras comía el caramelo, Javier le cayó bien de nuevo, así que Paloma le dijo: *"¿Ahora, quieres acompañarme al cine?"*. Javier tenía ganas de estar con ella y por eso, se dio prisa para ir al cine. Cuando llegaron al cine, la película **ya había empezado**[1] y Paloma ya no tuvo ganas de verla. Regresaron a la casa de Paloma y Paloma le dijo: *"No quiero que entres conmigo"*. Se bajó del carro y Javier se enojó. Paloma ya no le caía bien a Javier.

[1]**had already started**

√ Contesta a las siguientes preguntas sobre el Mini-cuento C.

1. ¿Qué harías[1] si tu novio(a) tuviera[2] mal aliento? ¿Se lo dirías[3]? ¿Por qué (no)?

[1]would you do [2]if (s)he had [3]would you tell him/her

2. Cuando tú tienes mal aliento, ¿Quieres que alguien te lo diga? ¿Por qué (no)?

3. Si tu novio(a) te comprara una menta para tu mal aliento, ¿la comerías o te enojarías?*

*would you eat it or would you get angry?

4. ¿Cuál es tu caramelo de menta preferido?

5. ¿Cuáles comidas pueden darte mal aliento?

Mini-cuento C: Versión #2

A Javier le cayó muy bien Paloma y un día, la invitó al cine: "*Quiero que me acompañes al cine. ¿Qué piensas?*". Javier le cayó muy bien a Paloma y por eso ella aceptó su invitación. Paloma tenía ganas de ver una película espantosa y quería acompañar a Javier al cine. Ella oyó el carro de Javier en la calle y bajó la escalera a toda prisa. Mientras bajaba la escalera, se tropezó y se cayó. Javier se dio prisa para ayudarla, pero cuando se le acercó, ella volvió la cara y gritó: "*¡Puaj! ¡¿Qué comiste?!*". Javier tuvo vergüenza y dejó que Paloma se levante sola.

Paloma se levantó y ellos se subieron al carro. Javier le preguntó: "*¿Cuál película quieres ver?*". Paloma ya no tenía ganas de acompañar a Javier al cine y le dijo que ahora quería ir a una tienda que se llamaba 'Nosotros somos de Menta'. Javier se dio prisa para ir a la tienda y al llegar, Paloma compró unos caramelos de menta para Javier. Le dio un caramelo y Javier lo comió lo más rápido posible. Javier le cayó bien de nuevo, así que Paloma tuvo ganas de ver una película con Javier.

All llegar al cine, se dieron prisa para subir la escalera. Javier se tropezó y se chocó con Paloma. Paloma se cayó y se lastimó el codo. Javier trató de disculparse, pero Paloma volvió la cara. Paloma ya no tenía ganas de ver una película, sino que tenía ganas de volver a su casa. Javier se dio prisa para llevarla a la casa y no volvió a invitarla nunca jamás.

√ Modifica el Mini-cuento C para cambiar el final del cuento.

Mini-lectura cultural: La Isla de Pascua

La Isla de Pascua, en el Océano Pacífico, bastante alejada de Chile, está cubierta por sus famosos y curiosos monumentos en forma de estatuas con cabezas gigantes y sin piernas, que hacen que los turistas vuelvan la cara para mirarlos. La magia de los gigantes de piedra chilenos es tan impresionante, que en 1972 la isla fue declarada patrimonio de la humanidad.

Las estatuas o Moais tienen entre cuatro y veinte metros de altura y son muy pesadas. Se cree que fueron construidas como un culto a dioses. Otra teoría explica que esas estatuas representan a los antiguos gobernantes, pero en realidad no se sabe por qué y para qué se construyeron. Cuenta una leyenda que la Isla fue salvada de una gran catástrofe donde otras islas se hundieron en el océano y entonces los **antepasados**[1] se quedaron definitivamente en esa isla.

A muchos turistas puede gustarles recorrer tranquilamente la desolada isla, aunque otros prefieren darse prisa para recorrer los monumentos en un día, y luego subir la escalera del avión lo más pronto posible porque sienten demasiada soledad y desean regresar a la ciudad.

[1]**ancestors**

Para más información, visita www.clarin.com o www.eldia.com.ar.

¿Vuelves la cara?

√ **Lee las siguientes situaciones y decide qué harías?**

1. Te encuentras con un(a) chico(a) guapísimo(a) que tiene un grano enorme en la nariz. ¿Lo miras o vuelves la cara?

2. Tienes un grano enorme en la cara y te encuentras con un(a) chico(a) guapísimo(a). ¿Miras directamente a la persona o vuelves la cara para que no puedan ver el grano?

3. Estás hablando con un agente de modelos importante que tiene interés en ti. El agente tiene muy mal aliento y se te acerca más y más. ¿Das un paso para atrás o te quedas y vuelves la cara?

4. Corriendo por la calle con pizza con anchoas en la boca, te chocas con Shakira u Orlando Bloom. ¿Le hablas o vuelves la cara?

5. Estás en la calle y un criminal te apunta a la cabeza con una pistola. ¿Miras la pistola o vuelves la cara?

6. Estás mirando una película espantosa con tu novio(a) y tienes miedo. ¿Sigues mirándola o vuelves la cara?

Mini-cuento D

se desmaya/se desmayó	**se llenan.../se llenaron de lágrimas**
cepillo de dientes	**no quiere que vaya**
está.../estuvo tan agradecida	**se divierte/se divirtió**

Paloma estaba muy contenta porque su madre le preparaba la comida sana y se mantenía saludable y en buena forma. Paloma era muy atlética y vivía con su mejor amigo (su perro). Tenía muchas amigas pero casi no salía con ellas porque no quería dejar a su perro.

Una mañana, Paloma se estaba preparando para un día de ejercicios y estudios. Mientras se cepillaba los dientes con un cepillo nuevo, sonó el teléfono. Unas amigas la invitaron a escalar una montaña y Paloma sinceramente tenía ganas de ir. Quería que su perro la acompañara, pero sus amigas no lo querían. Le dijeron: *"Paloma, queremos que nos acompañes a trepar a la cima de la montaña, pero no queremos que tu perro nos acompañe".* Paloma le dijo a su perro lo que le dijeron sus amigas. El perro nunca quería quedarse solo, y por eso, le dijo a Paloma: *"¿Por qué no puedo acompañarte? No quiero que vayas".* El perro se puso triste y sus ojos se llenaron de lágrimas. Empezó a llorar y Paloma se sintió mal por el perro. Se quedó con él y lo cepilló durante algunos minutos antes de salir. Cuando salió, el perro fue a su rincón y allí se quedó esperando a Paloma.

En la montaña, Paloma trepaba con sus amigas y se divertía mucho, pero sus amigas, no. El perro de Paloma tampoco se divertía solo en la casa. Las amigas de Paloma no se divertían porque no estaban en buena forma como Paloma y estaban cansadas. Hacía mucho calor y no se sentían bien. Una de ellas pensó que iba a desmayarse y por eso, las demás le dijeron a Paloma: *"Por favor, Paloma, no vayas tan rápido. Estamos cansadas".* Paloma caminó más despacio y sus amigas estuvieron muy agradecidas. Después de una hora, las amigas de Paloma le pidieron un **descanso**[1], así que Paloma paró y se sentó en una roca. Sus amigas estuvieron muy agradecidas y se sentaron también.

Al mismo tiempo, el perro salió de la casa para buscar a Paloma. Corrió hacia la montaña y empezó a subir lo más rápidamente posible, pero no se sintió bien. De repente, se desmayó y se quedó inconsciente en el suelo. Mientras tanto, Paloma y sus amigas bajaban de la cima. Todas se divertían mientras bajaban hasta que se encontraron al perro de Paloma. Al verlo, los ojos de Paloma se llenaron de lágrimas y ella empezó a llorar. Corrió hacia el perro y le hizo respiración boca a boca, mientras todas sus amigas miraban. Le hizo la respiración durante cincuenta y dos minutos y por fin, el perro respiró y volvió la cara hacia ella. Paloma estaba tan agradecida que sus ojos se llenaron de lágrimas y le dio un beso a su perro. El perro se despertó y sus ojos se llenaron de lágrimas. Volvió la cara y le dijo a Paloma: *"¡Ay, Paloma! ¡Tu boca* ***huele a***[2] *dragón!".* Paloma se ofendió y le respondió: *"Me cepillé los dientes con el cepillo nuevo. ¿Cómo es posible que mi boca huela como la de un dragón?".*

Luego, dejó al perro en la montaña, y a pesar de que su perro gritaba: *"No te vayas",* se fue al mercado para comprar otro cepillo. Compró un súper-cepillo. El cepillo garantizaba todo tipo de bocas, hasta la boca de un dragón. Mientras Paloma iba al mercado, sus amigas bajaron de la montaña con el perro. Durante toda la caminata, las amigas se quejaron: *"Este perro huele horrible. ¡La boca huele como un dragón! Es EL PERRO el que necesita el cepillo de dientes".* Desde ese día, las amigas llamaban al perro "Dragón", y el perro nunca jamás las acompañó a escalar. Las amigas estaban muy agradecidas por eso.

[1]a rest, break ***[2]smells like***

√ Llena los espacios en blanco con una respuesta apropiada.

1. Si alguien me dice: *"tienes una boca de un dragón",* es probable que yo tenga ______ ____________________.

2. Un perro le hizo respiración boca a boca a mi novio(a) y al instante, yo tuve ganas de darle ______________________________ a mi novio(a).

3. Un(a) chico(a) guapísimo(a) me invita a un baile en la escuela, pero él (ella) tiene muy mal aliento. Yo le respondo: " ______________________________".

4. Cameron Díaz o Leonardo DiCaprio me invita a trepar a la cima de Mt. Everest. Yo le respondo: "______________________________________".

Capítulo tres

√ Contesta las siguientes preguntas.

1. ¿Por qué Paloma no salía de la casa frecuentamente?

2. Explica por qué no se divertían en la montaña las amigas de Paloma?

3. Describe por qué estaban agradecidos el perro, las amigas y Paloma durante varios momentos del cuento.

4. Describe una situación en que tú o alguien que conoces le hizo la respiración boca a boca a alguna persona.

5. Los ojos pueden llenarse de lágrimas en varias situaciones. Menciona tres circunstancias en que esto ocurre.

Mini-cuento D: Versión #2

Me llamo Paloma. Vivo con mi madre y mi perro. A mi madre le encanta cocinar y a mi perro le encanta trepar conmigo. Mi perro no quiere que yo vaya sin él y se pone triste cuando lo dejo en casa. Un día, unas amigas me invitaron a trepar, pero me dijeron: *"No queremos que tu perro nos acompañe"*. Mi perro se puso triste y me dijo: *"No quiero que vayas"*. Luego, sus ojos se llenaron de lágrimas y lloró como un bebé.

Mientras subíamos a la montaña, mis amigas no se divertían porque no estaban en buena forma. Se cansaron y me pidieron un descanso. Mientras descansábamos, mi perro salió de la casa para buscarme. Se cansó, tanto que se desmayó. Mientras bajábamos de la montaña, encontramos al perro tirado en el suelo. Mis ojos se llenaron de lágrimas y corrí hacia el perro para hacerle respiración boca a boca. Le hice la respiración boca a boca durante cincuenta y dos minutos y por fin, se despertó. El perro estaba muy agradecido y me dijo: *"Gracias"*.

Regresamos a la casa y allí estaba esperándome Leonardo DiCaprio. Estaba tan sorprendida que me desmayé. Leonardo se me acercó para hacerme la respiración boca a boca, pero al juntar su boca a la mía, exclamó: *"¡Ay! hueles como un dragón!"*. Así que no me hizo la respiración boca a boca. ¡No me ayudó para nada! Mi perro me ayudó y por fin, me desperté. Mis ojos se llenaron de lágrimas porque Leonardo quería irse. Entonces, le pedí: *"Prefiero que te quedes aquí. No quiero que te vayas. Déjame cepillarme los dientes con mi súper-cepillo para dragones"*. Pero Leonardo no quería quedarse y se fue. Mis ojos se llenaron de lágrimas otra vez y me quedé en casa con mi perro. Mi perro estaba agradecido. Hicimos ejercicios y nos divertimos mucho.

Mini-lectura cultural: ¿Quién cuida a mi perro?

Tener un perro en la casa es muy divertido, sobre todo si hay chicos. A los perros hay que dedicarles tiempo, sacarlos a pasear y llevarlos de vacaciones. Grandes o chicos, dóciles o feroces, todos necesitan atención y ejercicio, especialmente si sus dueños viven en un departamento. Como muchos dueños no tienen tiempo de salir al parque, contratan a un paseador de perros.

Paseador de perro es una nueva y controvertida profesión en algunas grandes ciudades latinoamericanas. Jóvenes de menos de 30 años han encontrado en esta actividad una forma de trabajar pocas horas y tener tiempo para estudiar. Por cada perro, los paseadores cobran entre uno y dos dólares por paseo. En los paseos, los perros dan una buena caminata, juegan entre ellos, descansan un poco y generalmente están muy agradecidos por esas horas disfrutadas en algún parque. En Buenos Aires, es común ver a paseadores con más de diez perros, a los que manejan con mucha habilidad, **aunque**[1] vecinos y turistas se quejan del excesivo número de paseadores y perros. Chile y Uruguay últimamente adoptaron esta modalidad de paseos que se extiende cada vez más en Latino América.

Durante las vacaciones, algunas familias dejan a sus perros en un hotel. En Chile y en México hay Hoteles para Mascotas, cerca de las playas, así sus dueños pueden visitarlos mientras disfrutan de las vacaciones. Los hoteles ofrecen paseos, comidas ricas, baños, y atención personalizada a cargo de un veterinario que garantiza perros **sanos**[2] y contentos.

[1]even though **[2]healthy**

√ Contesta las siguientes preguntas.

1. ¿Tienes un perro o un gato? ¿Quién cuida a su mascota cuando tu familia se va de vacaciones?

2. ¿Cuidas a las moscotas de tus vecinos cuando ellos van a trabajar o van de vacaciones?

3. ¿Hay hoteles para mascotas en tu ciudad? ¿Van tus mascotas a un hotel para mascotas cuando tu familia va de vacaciones?

4. ¿Qué piensas de la idea de un hotel para mascotas? ¿Es ridícula o necesaria?

5. Describe un hotel perfecto para mascotas. ¿Qué comida sirve? ¿Qué actividades ofrece? ¿Qué otros servicios ofrece?

Capítulo tres

Episodio 1: El Señor Rezongón

Me llamo Waldis Joaquín y ésta es la historia de mi experiencia en la escuela secundaria: Hace diecinueve años, asistía a una escuela secundaria situada al pie de unas montañas cerca de la frontera entre México y Estados Unidos. El director de la escuela se llamaba Señor Rezongón. El Sr. Rezongón era muy cruel y siempre estaba de mal humor. No nos caía bien a ninguno porque siempre nos maltrataba. Todos los estudiantes nos quejábamos mucho y no queríamos ir a la escuela. Todos le teníamos miedo, incluso nuestros padres. Por eso, nadie hizo nada para ayudarnos a los estudiantes.

El Sr. Rezongón era un militar fanático, así que teníamos que hacer instrucción militar todos los días. Cada mañana, incluso los sábados y domingos, teníamos que subir a la montaña. A duras penas, escalábamos a la cima, dándonos prisa porque nadie quería encontrarse con el Sr. Rezongón en la montaña. Allí él se volvía más loco y cruel que en la escuela. Una vez, una amiga lo encontró en la cima, y, como quería pasar, le dijo al director: *"Con permiso"*. El Sr. Rezongón no la dejó pasar y le gritó en la cara: *"¡No quiero que vayas sola! ¡Quiero que me acompañes abajo!"*. Mi amiga se asustó y volvió la cara! Sus ojos se llenaron de lágrimas porque ¡el director tenía una boca de dragón! Mi amiga tuvo ganas de llorar, pero en vez de llorar, se desmayó. El Sr. Rezongón se enojó, la acusó de no estar en buena forma y, por eso, la forzó a trepar a la cima tres veces al día durante los dos años siguientes.

Los días en la escuela se nos hacían muy largos ya que no podíamos hablar mientras estábamos allí. Un día, después de trepar a la cima de la montaña por tercera vez, mi amiga se me acercó para decirme algo. Nos escondimos en un rincón y ella empezó a contarme lo que había pasado en la montaña. El Sr. Rezongón la oyó y se acercó a nosotros gritando: *"La regla es ¡NO HABLAR! ¿Por qué no la obedeces?"*. Yo me fui corriendo, pero mi amiga que estaba muy cansada de subir a la montaña, no pudo escapar. El Sr. Rezongón la agarró y mi amiga se desmayó del susto. El Sr. Rezongón se puso furioso y le puso cinta adhesiva en la boca. Mi amiga se despertó con la cinta puesta y se enojó. ¡No pudo quitársela durante cuatro semanas!

Tampoco podíamos ir al baño durante el día porque el director no quería que saliéramos de las clases. Un día, una amiga fue al baño. El Sr. Rezongón la descubrió y se enojó. Detuvo a mi amiga y la forzó a limpiar el baño ¡con el cepillo de dientes! Mi amiga pasó cuatro horas limpiando el baño con el cepillo. ¡Las rodillas le dolían mucho y tenía ganas de llorar! Sus ojos se llenaron de lágrimas, pero no lloró frente al director.

Al Sr. Rezongón tampoco le gustaba la ropa a la moda, así que todos los estudiantes teníamos que ponernos unos uniformes horribles. Muchachos y muchachas teníamos que usar el mismo uniforme- una falda morada y una blusa marrón con zapatos rosas. ¡Qué vergüenza!

Un día de abril, dejé mi libro en la escalera de la escuela. No quería regresar a la escuela para recogerlo porque se oían algunas historias increíbles en las que el Sr. Rezongón se transformaba en un vampiro por las noches. Con mucho miedo, corrí hacia la escalera, agarré el libro y escapé sin ver al Sr. Rezongón. Estaba tan agradecido que mis ojos se me llenaron de lágrimas.

En mi último año de escuela, el Señor Rezongón se volvió aun más loco. Cuando se dio cuenta de que una muchacha había engordado un poco, cerró la cafetería y no permitió ni un pedacito de comida en la escuela. Nadie pudo comer en la escuela durante dos meses. Por fin, cuando ella bajó de peso -y el resto de nosotros también- el Señor Rezongón abrió la cafetería ¡pero sólo sirvió espinacas! Todos pensaron que no podía ser peor...

Capítulo tres

√ Waldis quiere saber si leíste bien o no. Responde a sus oraciones con Verdadera o Falsa. Si es falsa, corrígela para hacerla verdadera. Si ya es verdadera, inventa una oración nueva que sea falsa y divertida.

___ 1. Yo conté la historia al graduarme de la escuela secundaria.

___ 2. El director era una persona muy buena.

___ 3. Mi amiga se desmayó en la montaña porque estaba muy cansada.

___ 4. Es apropiado decir "*Con permiso*" después de eructar.

___ 5. No nos permitía hablar durante el día.

___ 6. El director le puso la cinta adhesiva a mi amiga porque la oyó hablando en la escuela.

___ 7. Una chica pasó cuatro horas limpiando el baño con su falda.

___ 8. Los muchachos asistían a las clases vestidos con unas faldas moradas.

___ 9. Dejé mi libro en la escalera de la escuela.

___ 10. El Sr. R. cerró la cafetería porque una muchacha se enfermó con la comida.

✔ Compara las características del Sr. Rezongón, de tu director(a) y de un director perfecto.

Un director bueno **Tu director(a)** **Sr. Rezongón**

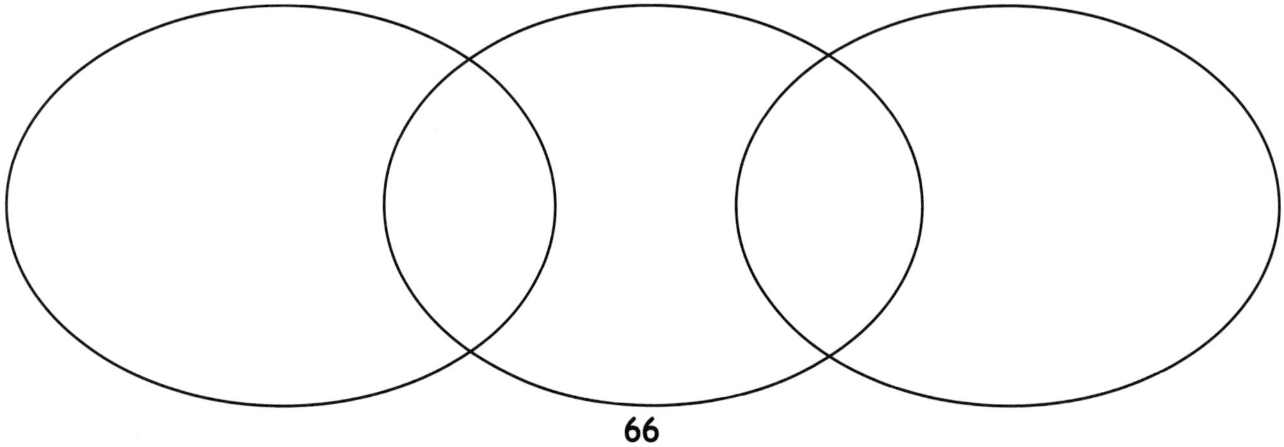

√ Contesta las siguientes preguntas según tu propia opinión.

1. ¿A quién preferirías encontrar en una montaña, al Sr. Rezongón o a Hannibal Lecter? ¿Por qué?

2. ¿En que situaciones se te llenan los ojos de lágrimas? ¿Se te llenan cuando un adulto te castiga*?
*disciplines you

3. Si tuvieras* un director(a) como el Sr. Rezongón, ¿cambiarías de escuela? ¿A cuál escuela irías*?
*If you had / would you go

4. Si pudieras* diseñar un uniforme para tu escuela, ¿cómo sería*?
*If you could / how would it be

5. ¿Te gusta la comida en la cafetería de tu escuela? Si pudieras* seleccionar la comida, ¿qué tipo de comida se serviría*?
*If you could / would be served

Versión #2 del Episodio 1: El Director Cruel

Me llamo Sr. Rezongón y soy director de una escuela secundaria. He sido el director por más de 85 años. Me gusta mi trabajo porque me encanta trabajar con niños. Hoy día, los niños no respetan la autoridad. Mi pasión es enseñar a los niños a ser adultos responsables y, por eso, soy estricto. Los niños de hoy miran demasiada televisión y pasan mucho tiempo jugando a los videojuegos. Por lo tanto, no están en buena forma. Para ayudarlos, en mi escuela todos hacen ejercicio. Los alumnos realizan los ejercicios al aire libre y cada día escalan a la cima de una montaña. Me gusta mucho verlos divirtiéndose tanto. De esta manera los estudiantes aprenden que el ejercicio es bueno y divertido.

Además de inculcarles la importancia de hacer ejercicios, les enseño acerca de la nutrición. En la cafetería de la escuela hay toda clase de comidas nutritivas, inclusive vegetales y frutas. En cambio, no hay papas, ni sodas, ni dulces. Una vez, una estudiante se quejó de la comida, y yo cerré la cafetería. Después de tres días de estar cerrada, los estudiantes aprendieron que es mejor tener comida nutritiva que no tener comida.

Para enseñarles a ser responsables, les impongo reglas estrictas a los estudiantes . Por ejemplo, para ayudar a los estudiantes a concentrarse en sus estudios, no permito que hablen durante el día. Además, quiero que vayan al baño antes o después de la escuela para que no pierdan clases. Y no quiero que salgan temprano de la escuela porque es importante asistir a clase todos los días. Quiero mantener la escuela limpia y bien arreglada y, por eso, si un estudiante la ensucia, exijo que la limpie. Mi escuela es mi vida. Me encanta mi trabajo y **nunca lo dejaré**.[1]

[1]**I will never leave it.**

Director por un día

√ Llena los espacios en blanco con una respuesta apropiada según lo que habrías hecho* si hubieras sido* director de tu escuela por un día.

*** you would have done / if you had been**

Ayer fui director de nuestra escuela. ¡Fue un día **1.)** ____________________! Al empezar el día, los maestros **2.)** ______________________________ y los estudiantes **3.)** ____________________________. Las clases duraron **4.)** __________________ y el almuerzo duró **5.)** _______________. Se sirvió comida excelente, incluso: **6.)** _______ ____. ¡Todos los estudiantes estaban felices y todos me decían: *"Por favor, queremos* **7.)** ____________________________________". Yo hice todo lo que me pidieron, con la excepción de **8.)** __________________________. Los maestros estaban muy **9.)** __________________________. Me di cuenta de que es imposible satisfacer a todos los maestros y estudiantes, así que traté de satisfacer a los estudiantes exclusivamente. Al final del día, hice algo muy especial, yo **10.)** ______ _______________________________________. ¡Qué día increíble!

√ Llena los espacios en blanco con una respuesta apropiada y divertida.

1. Mi madre quiere que yo vaya a ____________________________.
2. Mi amigo(a) travieso(a) quiere que yo vaya a ________________________.
3. Mi amigo(a) bueno(a) (que se porta bien) quiere que yo vaya a __________________.
4. Quiero que ______________________ vaya de vacaciones a Antártida por diez años.
5. Mi profesor quiere que yo salga de ______________________________ .
6. Mi hermano(a) quiere que yo salga de ______________________________ .
7. Quiero que mi madre me acompañe a ______________________________ .
8. No quiero que mi madre me acompañe a ______________________________ .
9. Quiero que __________________________ me acompañe de vacaciones.
10. Quiero que un(a) estrella de Hollywood me acompañe a ______________________ .

Lectura cultural

El Día del Estudiante

El 21 de septiembre es un día muy especial para todos los adolescentes de Argentina: Es el Día del Estudiante. En Argentina -como en todo el hemisferio sur- la primavera comienza en septiembre. Generalmente, la primavera es considerada como la estación de la **juventud**[1] y el amor. Así que es lógico que los estudiantes argentinos hayan declarado el 21 de septiembre como ¡su día!

Pero los argentinos no son los únicos que festejan el Día del Estudiante; en otros países hispanos hay fiestas similares. Por ejemplo, en la Universidad Autónoma de Guadalajara, México, el 23 de octubre se conoce como "El Día del Estudiante Autónomo". En la Universidad Nacional de Honduras, se festeja el 11 de junio. En Venezuela, el 21 de noviembre. En Puerto Rico, en la Universidad Interamericana, recinto de Barranquitas, los estudiantes evocan su día el 3 de mayo.

En Argentina, no hay clases en el Día del Estudiante. Más de 120 mil estudiantes entre 13 y 17 años se reúnen en los bosques de Palermo, al norte de la ciudad. Es una zona hermosa, que se parece mucho a los Champs Elysses de París, Francia, y al bosque de Chapultepec, en el Distrito Federal de México.

Más de 65 disc jockeys de populares **emisoras**[2] de radio llegan a Palermo para la fiesta. Ellos transforman el parque en una mega-discoteca. En este gran picnic, normalmente se ven a personas con peinados raros de muchos colores, caras pintadas, camisetas y pantalones plateados (metálicos), zapatos súper-altos o zapatillas, y lentes de todo tipo. También se ven jóvenes vestidos con camisetas de su club de fútbol preferido o con camisetas celestes y blancas a rayas verticales: los colores de la selección nacional.

La fiesta comienza muy temprano, en la **madrugada**[3] del 21 de septiembre. Los vecinos, que viven en una zona de casas y apartamentos costosos y elegantes no están muy contentos cuando se despiertan tan temprano con el sonido de la música.

Muchos de los chicos y chicas que van a Palermo son de familias de clase media. No gastan mucho dinero en las hamburguesas, panchos (hot dogs) y sandwiches que se venden ese día en Palermo. Los grupos de jóvenes llegan con sus bolsos, llenos de comida y bebidas.

Siempre se produce alguna pelea entre muchachos que toman alcohol, pero la policía actúa inmediatamente para evitar grandes problemas. En 2003, por ejemplo, de los 120 mil estudiantes que fueron a Palermo, solamente ocho jóvenes fueron detenidos por la policía.

Pero no todo es diversión. **Aprovechando**[4] la gran cantidad de adolescentes que participan de la fiesta, el Ministerio de Salud ha organizado una campaña en contra del SIDA (AIDS). Dan información sobre el SIDA y aconsejan cómo *"divertirse y cuidarse"*.

[1]youth **[2]radio stations** **[3]dawn, daybreak** **[4]taking advantage of**

√ Contesta las siguientes preguntas acerca de la lectura cultural.

1. ¿Qué es el el Día del Estudiante?

2. ¿Cuándo empieza la primavera en el hemisferio del sur? ¿Por qué se celebra el Día del Estudiante en la primavera?

3. ¿Cómo festejan (celebran) los estudiantes?

√ ¡Imagínate!... Tu escuela va a establecer un festival para homenajear (honrar) a los estudiantes. Te pidieron ayuda para organizar el evento. Contesta las siguientes preguntas para planear el evento y luego, escribe un anuncio para atraer a estudiantes al evento.

1. ¿Cómo se llama el evento?

2. ¿Cuál es la fecha del evento?

3. ¿Dónde se lo celebrará?

4. ¿Qué tipos de actividades habrán?

5. ¿Qué tipo de comida se va a servir?

Capítulo cuatro: Un deseo prudente
Vocabulario nuevo

Mini-cuento A

rema/remó al medio

se hunde/se hundió

jala/jaló con toda la fuerza

tiene/tenía una lancha

le salva la vida/
le salvó la vida

sobrevive/sobrevivió

Mini-cuento B

va a pescar/iba a pescar/
fue a pescar

le da/le dio el castigo

no es justa(o)/no era justa(o)

le sale/le salió un grano

es/era más grande que

está/estaba desordenado

Mini-cuento C

suda/sudaba

se aleja de/se alejó de

evita/evitó el peligro

está/estaba ausente

parece/pareció/parecía

quiere evitare /quería evitar

Mini-cuento D

se asusta/se asustó

le pide/le pidió un deseo

lo encuentra/lo encontró

lo golpea/lo golpeó

cuando era joven

"¡No me toques!"

Mini-cuento A

rema/remó al medio
se hunde/se hundió
jala/jaló con toda la fuerza
tiene/tenía una lancha
le salva la vida/le salvó la vida
sobrevive/sobrevivió

Había un muchacho que era muy flaco y débil. Se llamaba Javier, pero sus amigos lo llamaban 'Esqueleto' porque era tan flaco. Javier quería ser más fuerte, así que hizo varios ejercicios para desarrollar los músculos. Conectó un cable al coche y jaló con toda la fuerza. Jaló y jaló, pero el coche no se movió para nada. Luego, contectó el cable a un bloque y jaló con toda la fuerza. Jaló y jaló y movió el bloque quince pies y medio. Más tarde, llevó el bloque al lago y lo dejó caer en el agua. El bloque se hundió rápidamente y Javier trató de levantarlo. Se metió en el agua, pero no pudo levantarlo. Muy frustrado, regresó a casa donde su Tío Jorge estaba esperando.

El Tío Jorge tenía ganas de ayudar a Javier, su sobrino favorito, y por eso, había ido a la casa de éste. Cuando llegó Javier, el Tío Jorge lo saludó con un abrazo fuerte. Lo abrazó con toda su fuerza y Javier trató de hablarle: *"¡Ay de mí! Tío, no puedo respirar".* Su tío lo dejó y le ofreció ayuda: *"Javier, yo soy grande y fuerte; quiero ayudarte a hacerte más fuerte".* Jorge, que tenía una lancha pequeña, le explicó su plan: "Javier, cada fin de semana, vamos a ir al lago y tú vas a remar hasta que te hagas fuerte". Javier estaba desesperado y por eso, aceptó el plan.

Cada semana, Jorge llevaba a su sobrino al lago para remar. Jorge y Javier fueron al lago durante tres semanas seguidas, y Javier remaba y remaba. Javier remaba con toda su fuerza mientras cruzaban el lago en la lancha. Javier remaba tanto que a veces pensaba que no iba a sobrevivir. Se quejaba: "Tío, por favor, no puedo remar más. Remo con toda mi fuerza y ya no me queda nada de fuerza. No puedo más". De todos modos, sobrevivió y poco a poco, se hizo más fuerte.

Viendo los resultados de su trabajo, Javier siguió remando cada fin de semana. Al sábado siguiente, su tío lo llevó al lago con su pequeñita lancha verde. Javier remaba y remaba y así cruzaron el lago cinco veces. Entonces, Javier remó hasta el medio del lago. En ese momento, una lancha con motor grande pasó cerca de ellos y una ola grande tiró su pequeñita lancha. De repente, la lanchita se hundió y el Tío Jorge gritó: *"¡Socorro!"* porque no sabía nadar. Pronto, Jorge se hundió. El pobre Javier estaba muy cansado por tanto remar, pero tenía que salvarle la vida a su tío. Así que, nadó al fondo del lago, agarró al Tío Jorge y jaló con toda la fuerza. Lo llevó a la **superficie**[1] y a duras penas le salvó la vida.

Al día siguiente, había una noticia en el periódico:

Sobrino pequeño le salvó la vida de a tío

Javier Celaya,de 15 años, le salvó la vida a su tío cuando su pequeña lancha se hundió en el lago. Su tío, que no sabía nadar, se hundió con la lancha. Javier lo **rescató**[2] y lo llevó a la seguridad de la **orilla**[3]. El muchacho comentó: "Sabía que tenía que salvarle la vida, así que jalé con toda mi fuerza". ¡Los dos sobrevivieron de milagro! ¡El tío pesaba más de 207 kilos y el sobrino sólo 37 kilos! El tío nos dijo: "Mi sobrino es pequeño, pero fuerte".

[1]**surface** [2]**rescued** [3]**shore**

√ Elige la mejor respuesta para cada oración.

1. Javier conectó el cable al coche y jaló con toda la fuerza para:
   a.) mover el coche b.) probar el cable c.) fortalecerse d.) divertirse

2. El Tío Jorge tenía ganas de:
   a.) ir al lago b.) maltratar a Javier c.) ir en su lancha d.) ayudar a Javier

3. Cada fin de semana, Javier iba al lago para:
   a.) nadar b.) remar c.) pescar d.) disfrutar/divertirse

4. Javier remó al medio del lago y ________ tiró su pequeñita lancha.
   a.) un pez grande b.) un crucero c.) un viento fuerte d.) una ola grande

5.) Tío Jorge se hundió porque:
   a.) no sabía nadar b.) estaba demasiado cansado a nadar
   c.) Javier lo tiró al fondo del lago porque le había forzado remar tanto
   d.) un pez grande lo agarró y lo llevó al fondo del lago

Mini-cuento A: Versión #2

Había un muchacho que se llamaba Javier. Javier era muy delgado, pero muy fuerte. También era muy atlético. Hacía ejercicios cada día de la semana: corría, levantaba pesos, nadaba, remaba, etc. Era entrenedor personal y había entrenado a atletas famosos. Irónicamente, Javier tenía un tío que era muy **flojo**[1]. No hacía ejercicio y por eso, era muy débil y gordo. Poco a poco Tío Jorge subía de peso hasta que **alcanzó**[2] los doscientos catorce kilos. ¡El tío era tan grande que cada vez que pasaba frente a una persona, ocurría un eclipse solar! No se sentía bien estando tan gordo, así que fue al doctor. Obviamente, el doctor le dijo: *"Jorge, tienes que bajar de peso. Si no, no vas a sobrevivir mucho tiempo. ¡Pesas doscientos catorce kilos!".*

El Tío Jorge quería bajar de peso, pero no sabía como hacerlo. Por eso, fue a ver a su sobrino, Javier. Le pidió ayuda a Javier: *"Javier, por favor, ¡ayúdame! Tengo que bajar de peso. Quiero hacerme muy atlético como tú".* Javier le respondió: *"Tío, voy a salvarte la vida"*, y empezó a entrenar a su tío. Para empezar, fueron al lago a nadar. El tío Jorge se metió en el agua y con su cuerpo muy boyante, flotó fácilmente. Durante una hora, nadó y jaló a Javier por el agua. Jalaba con toda su fuerza y estaba cansado. Sin embargo, Javier decidió poner a su tío a remar en su lanchita pequeña. Javier jaló su lancha hasta la orilla y la metió en el agua. Javier se subió a la lancha primero, pero cuando el tío gordo se subió, ¡la lancha se hundió! Obviamente, Jorge necesitaba una lancha grande, así que Javier fue a la tienda *'Nosotros somos lanchas'* y compró una lancha grande para su tío.

Regresó al lago con la lancha grande y la metió en el agua. Se subieron a la lancha y de suerte, la lancha no se hundió. Tío Jorge empezó a remar. Remó durante dos horas y finalmente, llegó al medio del lago. En el medio del agua, el Tío se inclinó a un lado de la lancha y Javier se cayó al agua. Como no tenía un cuerpo muy boyante, se hundió como una roca. El Tío Jorge gritó: *"¡Socorro!"* porque estaba demasiado cansado para salvarle la vida. Lo invadió un pánico tan grande que sufrió un ataque cardíaco. Javier, que era un nadador experto, nadó facilmente hacia la superficie y rápidamente se subió a la lancha. Vio a su tío, que sufría un ataque cardíaco, y lo atendió como un experto médico. Le salvó la vida a su tío y al día siguiente, había una nota en 'USA Today' que contaba la historia del rescate. Javier se volvió famoso y hoy día es director de un gimnasio que se llama 'Fitness para Flojos'.

[1]**lazy** [2]**reached**

√ Escribe una historia para el periódico. Usa otra hoja si necesitas más espacio.

____

____

____

____

√ **Usa los diagramas de Venn para hacer una comparación entre los personajes del Mini-cuento A y los de la segunda versión del cuento.**

Tío Jorge **Javier**

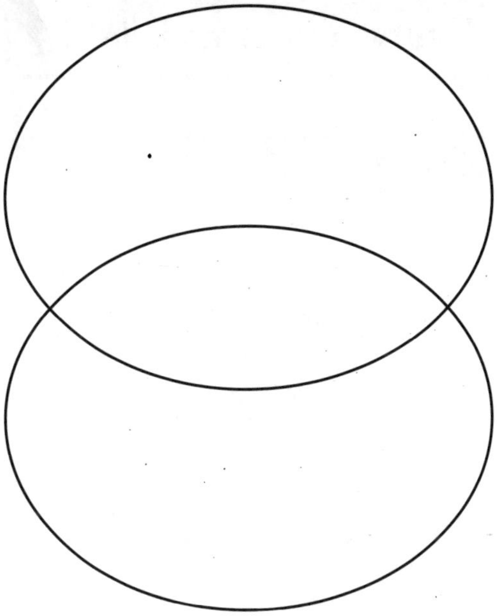

Mini-cuento A

Versión #2

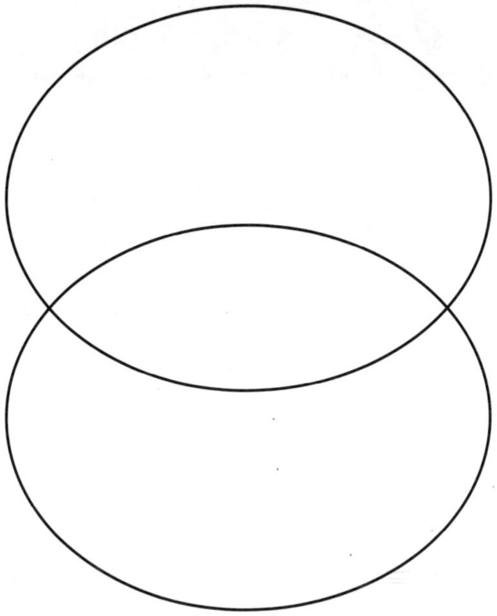

Mini-lectura cultural: El buceo

La práctica del **buceo**[1], deportiva o de **rescate**[2], es muy conocida por todos, sobre todo en países con salida al mar, aunque también se practica en lagos y ríos. La tarea de los buzos es muy importante. Los buzos usan equipos y trajes especiales porque debajo del agua no oyen ni tampoco pueden hablar.

Hay historias y anécdotas de buzos que, después de hundirse, a duras penas pudieron salir del agua, asustados y de mal humor, pero seguramente muy agradecidos con su compañeros por salvarles la vida. El fallecido Steve Irwin tomó parte en una de estas historias. En noviembre de 2003, mientras filmaba un documental sobre leones marinos en Baja California Sur, México, Steve Irwin recibió una comunicación que decía que dos buzos estaban desaparecidos en esa área. Él y su equipo suspendieron sus actividades para ayudar en la **búsqueda**[3]. Después de dos días, el grupo de búsqueda pudo rescatar a uno de los buzos, que estaba atrapado en unas piedras y, curiosamente, no sabía que Steve Irwin era famoso. El buzo estaba muy agradecido con quien le había salvado la vida. Desafortunadamente, el otro buzo no sobrevivió. Unos días después lo encontraron muerto.

Colombia, Venezuela, Chile tienen buenas escuelas de buzos. En Argentina y en España es común practicar buceo deportivo. También en la famosa Playa del Carmen, en México se puede aprender a bucear entre peces de colores, corales y enormes tortugas.

[1]scuba diving [2]rescue [3]search

√ **Escribe una historia acerca de un rescate en el océano. Tu historia puede ser de ficción o de hecho.**

Mini-cuento B

va a pescar/iba a pescar/fue a pescar	le da/le dio el castigo
no es justa/no era justa	le salió un grano
es/era más grande que	está/estaba desordenado

Había una chica que se llamaba Paloma. A Paloma le gustaba pescar. Era una chica un poco rara porque ella prefería pescar más que hacer compras o ver películas. A Paloma le encantaba pescar. A Javier le interesaba mucho Paloma, pero a Paloma no le caía bien Javier. Javier era muy flaco y débil, y a Paloma no le gustaban los chicos flacos y débiles. Javier invitó a Paloma a pescar varias veces, pero Paloma se negó a salir con Javier diciéndole: *"No me interesan los chicos flacos"*. Javier se quejaba: *"No eres justa. No es mi culpa que esté tan flaco"*.

Como Javier quería ser más fuerte, empezó una rutina de ejercicios. Cada fin de semana, Javier iba al lago para remar con su tío. Remaba y remaba y pronto se puso más musculoso. Un fin de semana, Paloma vio a Javier remando en el lago y se dio cuenta de que Javier estaba más fuerte y musculoso. Ella le dijo: *"Javier, tal vez podemos ir juntos a pescar en tu lanchita"*. Javier se puso muy contento y le dijo que iba a llamarla el fin de semana siguiente. Javier siguió remando al medio del lago cuando una lancha que era más grande que Shamu pasó frente a su barco. Una ola grande tiró la lanchita y la lanchita se hundió.

Javier se quejó: *"No es justo. ¿Cómo es posible que la lanchita se hunda el mismo día que Paloma me habló sin volver la cara y me invitó a pescar en mi lancha?".* Sin embargo, Javier llamó a Paloma y la invitó a pescar, pero sin lancha:

-Paloma, ¿quieres ir a pescar mañana?

-Sí, gustaría mucho ir a pescar.

-Bueno, pero tengo que decirte que la lancha se hundió y por eso, no podemos pescar en lancha.

-No me importa. Déjame preguntarle a mi madre.

Paloma tenía ganas de ver a Javier, pero tenía un grano rojo en el medio de la frente. ¡Era más grande que un huevo! Paloma pensó: *"¡La vida no es justa! Me salió un grano y me salió el mismo día que Javier me invitó a pescar".* Sin embargo, ella fue a buscar a su madre y Javier escuchó la siguiente conversación:

-¡MAMA!...

-Paloma, no grites. ¿Qué quieres?

-¿Podría ir a pescar mañana con Javier?

-Tienes que limpiar tu cuarto primero. ¡Está muy desordenado!

-Prefiero quedarme en casa y no limpiar el cuarto. ¡Ay! Con este grano enorme que tengo en la frente, es mejor que no vaya.

-Paloma, ¿sabes por qué te salió el grano?... El grano es un castigo porque eres desordenada. ¡Tu cuarto está completamente desordenado!

Paloma sabía que el grano no era un castigo, pero decidió limpiar el cuarto de todos modos. No tenía ganas de limpiar su cuarto, pero sí tenía muchas ganas de ver a Javier. Por eso, limpió su cuarto y al terminarlo, ¡el grano desapareció! Ella estaba muy aliviada y le dijo a su madre: *"Mira mamá. El grano desapareció. Tal vez realmente fue un castigo... ji ji".* De repente Javier llegó a la casa de Paloma y ¡tenía un grano exactamente igual en su frente! ¡Era más grande que una pelota de tenis! Paloma no volvió la cara, sino que miró directamente el grano que le había salido a Javier y le preguntó: *"¿Está tu cuarto desordenado? ¿Lo limpiaste recientemente?".*

√ Decide si las oraciones siguientes son Falsas o Verdaderas y luego, corrige las oraciones falsas.

_____ 1. A Paloma le gustaba remar.

_____ 2. Paloma se negaba a salir con Javier porque a él no le gustaba pescar.

_____ 3. Paloma decidió salir con Javier porque se puso más fuerte y musculoso.

_____ 4. Paloma se quejó porque Javier tenía un grano grande.

_____ 5. La mamá de Paloma le dijo que el grano era un castigo porque no quería salir con Javier cuando él era flaco y débil.

Capítulo cuatro

√ Lee las siguientes oraciones y pon un círculo alrededor de la letra de la oración correcta.

1. **A.** La lancha de Javier se hundió debido a un accidente en el lago.
   B. La lancha de Javier se hundía cada jueves porque no flotaba bien ese día.

2. **A.** La mamá de Paloma siempre le decía: *"Te va a salir un grano como castigo".*
   B. La mamá de Paloma le dijo: *"El grano es un castigo".*

3. **A.** Paloma limpiaba su cuarto cada lunes.
   B. Paloma limpió su cuarto porque quería salir con Javier.

4. **A.** Después de que Paloma había limpiado su cuarto, Javier llegó a la casa.
   B. Javier llegaba a la casa de Paloma los viernes a las ocho.

5. **A.** Mientras Paloma hablaba con su madre, Javier llegó a la casa de Paloma.
   B. Mientras Paloma limpiaba su cuarto, Javier llegó a la casa de Paloma..

√ Llena los espacios en blanco con una palabra o frase apropiada para hacer un cuento divertido y cómico.

Un día, **1.)** ________________ (**persona famosa**) me invitó a pescar. Le pregunté a mi madre si podía ir, pero ella me dijo: "¿Quieres ir con ese grano enorme en tu **2.)** ________________ (**parte del cuerpo**)?". El grano realmente era más **3.)** ________________ (**adjetivo**) que **4.)** ________________ (**sustantivo**). No quería decirle que tenía un grano enorme y por eso inventé una excusa loca: Le dije que **5.)** ____________________________ (**frase: excusa**). Entonces él/ella invitó a mi mejor amigo(a). Ellos fueron al lago y allí había algunos actores y directores de Hollywood que filmaban una película que se llamaba **6.)** ____________________ (**título**). Los directores invitaron a ellos a trabajar en la película y ahora mi amigo(a) es un(a) actor/actriz famoso(a). La ironía es que mi amigo(a) tenía un grano que era más feo que el mío. Era más **7.)** ________________ (**adjetivo**) que **8.)** ______________________ (**sustantivo**). ¡La vida no es justa!

Mini-lectura cultural: Pesca deportiva

A muchos hombres latinoamericanos les gusta la pesca. Por eso, practican este deporte ya sea para competir o para pasar el tiempo. Generalmente, los pescadores salen muy temprano en la mañana, para disfrutar de la naturaleza, la vida al aire libre y pescar algo para ganar un premio; otros simplemente, para mostrar un gran pescado a sus amigos y después comerlo. Los pescadores reman con sus botes o conducen sus lanchas y luego en silencio y en el medio del agua se quedan esperando a los peces.

En muchos países de Latinoamérica, miles de pescadores se acercan al agua todos los fines de semana, para "ver qué hay". Algunos van solos y otros con amigos. Hay algunos que van con la familia, pero a la mayoría de las mujeres no les atrae pasar el fin de semana incómodas en un camping mientras que sus maridos e hijos varones desaparecen todo el día para tratar de atrapar algo que ellas después "tienen que limpiar" y comer a la noche. En la Argentina una frase típica es: **"pescador se nace y, a veces, se hace"**[1].

Quienes pescan para competir participan en diferentes campeonatos o concursos que organizan los clubes de pesca. En Montecristo y en Monterrey, México, hay varios clubes de pesca que organizan torneos anuales de pesca de diferentes especies. Más allá del deporte, es muy importante la amistad y la solidaridad que hay en esta actividad. En la pesca deportiva, todos ganan, incluso los peces, ya que algunos pescadores ganan amigos y otros premios, y los peces vuelven al agua.

Un pescador es un romántico que está enamorado de la naturaleza. Lo que más le gusta es la ilusión del gran pez. Grande o pequeño, el pez sobrevive: a veces porque es devuelto al agua, y otras porque está vivo en todas las historias y anécdotas que se cuentan en las reuniones familiares o de amigos, donde alguno ha ido de pesca.

[1] "you are born a fisherman, but in just a few cases, you can become one."

√ Escribe una historia sobre tu propia experiencia al pescar o inventa un cuento original sobre un gran viaje de pesca.

____

____

____

____

____

____

____

____

____

Mini-cuento C

suda/sudaba	está/estaba ausente
se aleja de/se alejó de	parece/pareció/parecía
evita/evitó el peligro	quiere/quería evitar

El Tío Jorge, no estaba contento. Su lanchita se hundió y él se enfermó por estar en el agua fría tanto tiempo. Al comenzar el día, Jorge estaba en su lancha bajo el sol, divertiéndose en el agua. Hacía calor y sudaba un poco, pero estaba contento. De repente, una lancha grande se acercó y ni Jorge ni Javier pudieron evitar el peligro. Javier realmente deseaba evitarlo, pero no pudo remar tan rápido. La lancha grande hizo una ola grande y la ola grande tiró la lanchita. La lanchita se hundió rápidamente y Jorge también. Jorge se hundió más rápido que el barco, pero su sobrino, Javier, le salvó la vida. Sin embargo, Tío Jorge se enfermó por estar en el agua fría. Tenía calor y sudaba en la lanchita y en un instante tuvo frío. Javier, al contrario, remaba y jalaba con toda la fuerza así que no tuvo frío y no se enfermó.

Jorge estaba muy enfermo y llamó a su jefe pare decirle que no iba a trabajar:

-Hola, Señor. Habla Jorge. Llamo para decirle que no voy a trabajar hoy. Estoy muy enfermo.

-¡¿Qué?! ¿Otra vez vas a faltar? Estuviste ausente la semana pasada y no parecías enfermo. Estuviste ausente la semana antepasada y tampoco parecías enfermo.

-Señor, disculpe, pero es verdad. Estoy enfermo.

Esta vez, Jorge realmente estaba enfermo, pero anteriormente, no había estado enfermo. Antes, faltaba al trabajo porque iba al lago con su sobrino y su lanchita verde. Siempre inventaba una enfermedad como excusa. Cuando Jorge le dijo a su jefe que estaba enfermo otra vez, el jefe se enojó. Jorge tenía miedo de perder su trabajo, así que decidió ir a trabajar a pesar de que estaba muy, muy enfermo. . Mientras estaba en el trabajo, sudaba y temblaba mucho. Parecía muy enfermo y todo el mundo se alejaba de él. Todos deseaban evitarlo porque no querían enfermarse. Un compañero le preguntó:

-¡Estás enfermo! ¿Por qué viniste al trabajo?

- Vine porque estoy en peligro de perder mi empleo. El jefe se enojó conmigo porque estuve ausente la semana pasada y la semana antepasada.

-No parecías enfermo las otras semanas, pero pareces enfermo ahora. Andas con suerte porque el jefe normalmente despide a los empleados que faltan mucho.

Entonces, el hombre se alejó rápidamente porque quería evitar enfermarse. Todos los empleados se alejaron de Jorge y todos estaban molestos con Jorge. A las diez de la mañana, su jefe se acercó y le dijo: "Pareces enfermo. Estás sudando como una lluvia fuerte. ¿Cómo es posible que tú estés tan enfermo? No **deberías haber venido**[1] al trabajo. Vas a infectar a todos". Enojado, el jefe se alejó rápidamente porque quería evitar enfermarse. Jorge se sentía horrible. No quería trabajar pero estaba en peligro de perder su empleo. Como ya tenía tres ausencias, no quería faltar otra vez. Todo el día, Jorge sudaba y temblaba y la gente se alejaba de él porque querían evitar enfermarse.

Al día siguiente, Jorge todavía se sentía horrible. Sudaba y temblaba y no quería ir a su trabajo. Sin embargo, fue a trabajar porque quería evitar perder su empleo. Al entrar, Jorge quiso evitar a su jefe porque no quería que él lo viera y se enojara otra vez. Nervioso, Jorge entró, pero no vio a nadie. La oficina parecía desierta; parecía que todo el mundo estaba ausente. Jorge no tenía que evitar a nadie porque él era la única persona en la oficina. Se dio cuenta de que él **había contagiado**[2] a todos sus compañeros y a su jefe y ahora estaba completamente solo y súper contento. Jorge evitó perder su trabajo porque él fue el único que fue a trabajar. Se sentó en el escritorio de su jefe y sonriendo, pensó: "Me parece que hoy va a ser un buen día".

[1]you should not have come **[2]had infected**

√ Da una explicación para cada enunciado.

1. Jorge faltaba mucho a su trabajo mucho porque... estaba enfermo frecuentemente. Su salud no era buena.

2. Jorge fue al trabajo porque... quería que todos sus compañeros se enfermaran. Pensó que no era justo que él fuera el único que estaba enfermo.

3. Cuando Jorge llegó a trabajo y no había nadie más allí, dijo que era un buen día porque... estaba alegre de que todos estuvieran enfermos. Además, quería ser el jefe.

√ Contesta las siguientes preguntas como si fueras el Tío Jorge.

1. ¿Por que faltaste al trabajo tantas veces durante las últimas semanas?

2. ¿Por qué fuiste al trabajo cuando estabas enfermo?

3. ¿Cómo es tu jefe? ¿Te cae bien o te cae mal?

4. ¿Cómo te sentiste cuando te diste cuenta de que todos tus compañeros de trabajo se enfermaron por tu culpa?

5. ¿Qué te va a decir tu jefe cuando regrese al trabajo?

Mini-cuento C: Versión 2

√ Usa tus respuestas de arriba para escribir el Mini-cuento C desde la perspectiva de Jorge.

√ Contesta las siguientes preguntas personales.

1. ¿Cuándo fue la última vez que estuviste ausente en la clase de español? ¿Por qué estuviste ausente?

2. ¿Alguna vez le dijiste a tu profesor(a) que estabas enfermo(a) para no tener que ir a clase? ¿Qué pasó?

3. Cuando estás enfermo(a), ¿se alejan tus amigos de ti? ¿Y tu novio(a)?

4. Cuando tus amigos están enfermos, ¿te alejas de ellos o te les acercas para que no se ofendan?

5. Cuando estás enfermo(a), ¿qué prefieren tus profesores: que no asistas a clase para que no se enfermen o que asistas a clase de todos modos?

Mini-lectura cultural: Los hospitales educativos

En casi todos los países latinoamericanos, los estudiantes de medicina hacen su internado en hospitales. Los estudiantes que llegan al último año deben trabajar en hospitales para ayudar a los médicos en la atención de los enfermos y entrenarse en los distintos casos. En muchas ciudades de Latinoamérica hay hospitales exclusivamente para los estudiantes. En estos hospitales, los estudiantes hacen su internado y siguen investigando la medicina.

Los estudiantes médicos, llamados residentes, atienden a los pacientes diariamente y cuando alguno está en serio peligro, los revisan con un profesor para dar un diagnóstico correcto y evitar otros problemas. Este empleo es de tiempo completo y gran dedicación.

En las salas de emergencias, llamadas *'guardias'* en Argentina, los estudiantes de medicina adquieren los conocimientos y habilidades para hacerse futuros médicos en las distintas especialidades. Al Hospital de Clínicas de Buenos Aires, llegan muchos estudiantes de medicina de países vecinos como Perú o Ecuador para hacer su residencia. Muchos estudiantes van a la Argentina para estudiar medicina porque la universidad es gratis en la Argentina. Sin embargo, estudiantes argentinos también viajan a otros países para capacitarse en hospitales extranjeros e investigar el sistema médico en otros países.

Preguntas para conversar

1. ¿Cuando vas al hospital, ¿prefieres que te atienda un doctor o un residente?
2. En los EEUU, ¿cuántos años hay que estudiar para ser doctor? ¿Y en Latinoamérica?
3. Considerando que la universidad argentina es gratis, ¿estudiarías medicina u otra carrera allí?
4. ¿Prefieres un doctor que se graduó en Latinoamérica o en los EEUU? ¿Por qué?
5. Si necesitaras un tratamiento médico muy caro que fuera mucho más barato en Latinoamérica, ¿irías a Latinoamérica pra recibirlo?

Mini-cuento D

se asusta /se asustó	lo golpea/lo golpeó
cuando era joven	lo encuentra/lo encontró
le pide/le pidió un deseo	"No me toques."

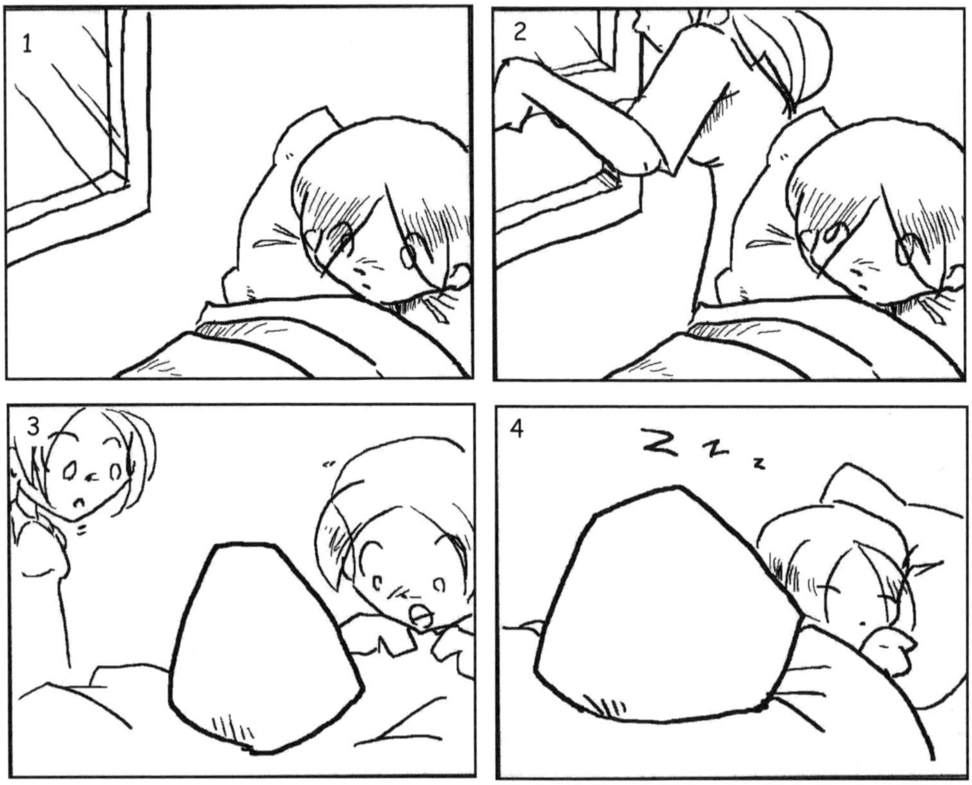

Cuando era joven, el Tío Jorge no era muy fuerte ni muy grande. Él era realmente flaco y débil y siempre andaba muy nervioso y tímido porque los otros muchachos lo maltrataban y se burlaban de él. Jorge nunca iba a ningún lugar sin decir: "¡No me toques! ¡Déjame en paz!". Por eso, nunca podía dormir. En vez de dormir, Jorge pensaba: "Deseo ser fuerte. Deseo ser grande. Deseo un deseo". Cada noche, Jorge miraba las estrellas y les pedía su deseo: "ser grande y fuerte".

Una noche, Jorge buscaba su muñeca Cabbage Patch porque nunca se acostaba sin ella. Como no podía encontrarla, le preguntó a su madre:
-¿Mamá, dónde está mi Cabbage Patch? No puedo encontrarla".
-¿Buscaste debajo de la cama?
-Sí. Busqué por todas partes y no la encontré.

Esa noche, Javier se acostó muy agitado y nervioso porque no pudo encontrar su Cabbage Patch. Miró las estrellas y les pidió dos deseos: "ser fuerte y grande y encontrar su Cabbage Patch". No pudo dormirse por mucho tiempo y por fin, a las dos de la mañana, se durmió. Mientras dormía, algo lo golpeó. Jorge se asustó y gritó: "¡No me toques!". Se despertó y encontró una roca enorme encima de su estómago. Muy asustado, Jorge trató de moverse, pero no pudo. Se quedó inmóvil y así se durmió de nuevo. Mientras dormía, tuvo un sueño: Un extraterrestre de una estrella lo visitó y le dijo: *"Cada noche me pides el mismo deseo- ser grande y fuerte. Puedes realizar tu deseo si haces lo que te digo. Cada noche, en vez de dormir con tu Cabbage Patch, duerme con la roca. Pon la roca encima de tu estómago y luego haz abdominales. Haz cien abdominales con la roca cada noche y vas a volverte muy fuerte y grande".*

Por la mañana, Jorge se despertó y se dio cuento de que no fue un sueño, sino realidad. Su madre entró en su dormitorio y se asustó. "¿Qué pasó?", ella gritó. Jorge le explicó que un extraterrestre lo visitó y le dio la roca. Durante las próximas semanas, Jorge hizo abdominales con la roca. Cada noche hacía cien abdominales y poco a poco se ponía más fuerte y grande. Después de dos meses, era el chico más fuerte de la clase y por eso, nadie lo molestaba. Jorge nunca jamás tuvo que decir: "¡No me toques! ¡Déjame en paz!". Nunca encontró su Cabbage Patch, pero ya no la necesitaba.

Hoy día, Jorge todavía duerme con su roca. Hace doscientos abdominales cada noche y duerme muy bien. Quiere encontrar una roca igual para su sobrino, Javier, así que hoy día les pide a las estrellas un deseo nuevo: "Encontrar una roca igual para su sobrino para que se ponga grande y fuerte como él".

√ Contesta las preguntas sobre el mini-cuento y después, las preguntas personales.

1. ¿Por qué no podía dormir Jorge? ¿Por qué no puedes dormir tú?

2. ¿Con qué se acostaba Jorge cuando era chico? ¿Con qué te acostabas tú cuando eras chico(a)? ¿Todavía duermes con él/ella?

3. ¿Qué deseo pidió Jorge? ¿Pides tú deseos a las estrellas? Si pudieras pedir cualquier deseo, ¿qué deseo pedirías?

4. Describe el deseo que se le cumplió a Jorge. Describe un deseo que se te haya cumplido.

5. Cuando Jorge era chico, ¿por qué decía "¡No me toques!"? ¿Has dicho "No me toques" alguna vez? ¿A quién se lo dijiste y por qué?

Mini-cuento D: Versión 2

Cuando era joven, Jorge era muy débil y flaco y todo el mundo se burlaba de él. Deseaba ser fuerte y grande, pero sólo era fuerte y grande mientras dormía. Una noche soñó con ser un muchacho más grande y fuerte que Arnold Schwarzenegger. En el sueño, un muchacho malo lo molestaba y se burlaba de Jorge. Jorge le dijo: "¡No me toques!", pero el muchacho se rió y lo golpeó con un plátano. Jorge trató de alejarse del muchacho, pero se tropezó con una lámpara. De repente, un genio salió de ella. El genio le dijo: "Gracias por librarme. Ahora puedes pedirme un deseo".

Jorge le pidió: "Quiero ser fuerte y grande", y al instante, Jorge se puso muy fuerte y con músculos grandes. Era más grande que Hulk Hogan y más fuerte que el Increíble Hulk. El muchacho lo miró y se asustó. Le gritó a Jorge: "¡No me toques!". Jorge se rió y el muchacho se alejó de Jorge porque a él Jorge le parecía muy peligroso. De pronto, un policía se le acercó a Jorge diciéndole: "Voy a arrestarte porque me pareces muy peligroso". Jorge se asustó y mientras gritaba: "¡No me toques!", golpeó al policía.

De repente, Jorge se despertó y se dio cuenta de que sólo fue un sueño. Se sintió muy aliviado, pero muy desilusionado también. Toda la noche, pensaba en ser grande y fuerte. Al día siguiente, Jorge visitó un sitio de la Web: www.músculosgrandes.com. Compró una Máquina de Músculos™ e hizo ejercicios en la máquina todos los días. Poco a poco se volvió muy fuerte y después de tres años se volvió boxeador profesional. Hoy día, es muy famosoy es conocido por su exclusivo restaurante de asado que se llama el "El Grill de Mister Músculo".

Mini-lectura cultural: Valle de la Luna

El lugar conocido como Valle de la Luna, por su parecido a la Luna, está ubicado en la provincia de San Juan, Argentina. Es una zona protegida donde se estudian las distintas formaciones rocosas. Allí, las lluvias y los vientos han formado curiosas formas en las rocas. . Estudiosos de todo el mundo recorren el lugar buscando fósiles de animales prehistóricos. Hace algunos años encontraron los restos fósiles del dinosaurio más antiguo del mundo.

Sobre todo en el Valle de la Luna, el cielo está casi siempre azul y muy limpio. Las rocas tienen formas tan extrañas que hacen volar la imaginación y soñar con el suelo de la Luna. Los turistas no pueden explicar lo que les sucede en ese lugar tan exótico pero se alegran de recorrer esa región, declarada por la UNESCO patrimonio de la humanidad en el año 2000.

Aún las celebridades más famosas conocen El Valle de la Luna. . Allí Se filmó Highlander (conSean Connery y Christopher Lambert). Y los guías turísticos informan que también Pink Floyd tocó en el Valle de la Luna. Hay una anécdota de hace algunos años: Dicen los rockeros de aquellos años: "¿Por qué no soñar con el lado oscuro de la luna en un fantástico **paisaje*** de formas tan extraordinarias?"

***landscape**

Una historia personal

√ Escribe y dibuja una historia acerca de un sueño, un susto o una experiencia que hayas tenido durante la noche.

1	2	3

Capítulo cuatro

Un deseo prudente

Un deseo prudente

Cuando era joven, el Sr. Rezongón soñaba con ser director de una escuela. Durante muchos años imaginaba cómo dirigiría una escuela. Inventaba castigos para atormentar a los estudiantes y ¡lo hacía como un experto! Cuando fue director, los castigos -que nunca eran justos- asustaban a los estudiantes tanto que ¡les causaban pesadillas horribles y raras! Una amiga tenía una pesadilla que se repetía cada noche. En la pesadilla, el Sr. R. tenía un grano enorme. ¡Era más grande y peligroso que el Vesubio! La chica se alejaba del Sr. Rezongón, pero nunca podía evitar su castigo: explotarle el grano. Cada pesadilla era igual: El señor Rezongón le gritaba: *"¡Explótame el grano!",* y cuando estaba a punto de explotárselo, la muchacha se despertaba, sudando y temblando. La muchacha todavía sufre de 'granofobia'.

A duras penas los estudiantes asistían a la escuela cada día porque el Sr. R. visitaba a los estudiantes ausentes en la casa. Una vez, yo estuve ausente algunos días porque sufrí un ataque de apendicitis. Me recuperaba de la operación cuando el Sr. Rezongón vino a mi casa. Entró a la casa y la inspeccionó. Se enojó conmigo porque mi dormitorio estaba desordenado y se me acercó con ojos locos... y con un grano enorme en la nariz. Mientras él me acercaba, pensé en la pesadilla de mi amiga y me desmayé. Cuando me desperté, mi madre limpiaba mi dormitorio y el Sr. R. salía de la casa. Pensé que era un caso cerrado, pero cuando regresé a la escuela, el Sr. Rezongón me hizo limpiar toda la escuela, incluso los baños, con mi propio cepillo de dientes. ¡Qué castigo cruel!

Era sábado, el 2 de abril, y yo celebraba mi cumpleaños. Mi papá me regaló una lancha, así que por la tarde, fui a pescar a un lago que estaba muy lejos de la escuela. Estaba muy contento en mi lancha en medio del lago. No tenía nada de que preocuparme, pero de repente, oí gritos horribles y ¡me asusté! Parecían gritos originados por una situación de peligro: *"¡Socorro!¡Socorro!".* Traté de ver qué pasaba y vi a una persona en el medio del lago. ¡De repente, se hundió! Remé y remé hacia la persona en peligro, pero no la encontré. Sin prestar atención al peligro, me metí en el agua y busqué en el fondo del lago. Por fin, encontré a un hombre medio-muerto. Jalé con toda mi fuerza, lo levanté y lo puse en mi lancha.

Fatigado, me subí a la lancha y ¡qué horror! Me di cuenta de quién era. ¡Era el Sr. Rezongón! ¡Parecía muerto! No sabía qué hacer -No quería salvarle la vida, pero no podía dejarlo morir. A duras penas, le hice la respiración... ¡boca a boca! ¡Puaj! Se la hice durante trece minutos y por fin, el Sr. R. empezó a respirar. Abrió sus ojos y me miró. ¡Ay de mí!, me asusté y tuve ganas de devolverlo al agua. De repente, él me agarró y mientras yo pensaba: "¡No me toques!", él me dijo: *"Hijo, por salvarme la vida, yo voy a darte un deseo. ¿Cuál es tu deseo?".* Pensé y pensé y por fin le respondí: *"Señor, la única cosa que quiero de usted es el favor de no decirle a nadie que ¡fui YO quien le salvó la vida! **¡Que nadie NUNCA sepa**[1] que YO le salvé la vida al Señor Rezongón!".* Fue un deseo prudente, ¿no?

[1]***that no one ever knows***

Capítulo cuatro

√ Ordena las siguientes oraciones según los eventos del cuento.

____ **A.** Un estudiante celebraba su cumpleaños.

____ **B.** El muchacho se dio cuenta de quién era el hombre.

____ **C.** El Sr. R. soñaba con ser director de una escuela.

____ **D.** El muchacho le respondió: " *¡Que nadie NUNCA sepa que YO le salvé la vida!"*.

____ **E.** El Sr. Rezongón les causó pesadillas a los estudiantes.

____ **F.** Oyó: *"¡Socorro! ¡Socorro!"*.

____ **G.** Él le hizo respiración boca a boca.

____ **H.** Se metió en el agua.

√ Corrige las siguientes oraciones falsas para hacerlas verdaderas.

1. El director se llamaba el Sr. Maravilloso.
2. El director tenía pesadillas.
3. El director fue a la casa del estudiante porque el pobre estudiante estaba enfermo.
4. El estudiante fue a un lago cerca de la escuela porque tenía ganas de ver al director.
5. El estudiante se metió en el agua porque quería salvarle la vida al Sr. Rezongón.
6. Después de ponerlo en su lancha, el estudiante le dio un golpe al director.
7. Cuando el director abrió sus ojos, el estudiante estuvo muy feliz.
8. El estudiante le pidió al director: "Ponga un anuncio en el periódico que diga que yo le salvé la vida".

√ Lee las siguientes situaciones y decide cuál de las siguientes frases sería una respuesta apropiada: No me toques. Quiero que salga(s). Prefiero que se (te) quede(s). No es justo.

1. Un muchacho travieso te golpeó. ______________________________
2. Un ladrón entra en tu casa. ______________________________
3. Estás enojado(a) con tu novia(o) y él (ella) trata de abrazarte. ______________________________

4. Un estudiante se te acercó y estaba muy enfermo. ____________________

5. Estudiaste 9 horas y sacaste una mala nota. ____________________

6. Tu novio(a) va a salir y sólo son las 8p.m. ____________________

√ Contesta las siguientes preguntas acerca del cuento como si fueras el narrador.

1. ¿Qué hacía cuando era joven el Sr. Rezongón?

2. Describe la pesadilla de la muchacha.

3. ¿Qué te pasó cuando regresaste a la escuela después de estar enfermo?

4. ¿Por qué fuiste a un lago *lejos* de la escuela para celebrar tu cumpleaños?

5. ¿En qué otros deseos pensaste además de no decir a nadie que le salvaste la vida al Sr. Rezongón?

√ Contesta las siguientes preguntas personales.

1. ¿Habrías salvado la vida del Sr. Rezongón si hubieras sido tú quien se lo hubiera encontrado? (Would you have saved Mr. Grump's life if it had been **you** who had found him?)

2. Si fueras el estudiante, ¿qué deseo le pedirías al Sr. Rezongón? (If you were the student, what wish would you request from Mr. Grump?)

3. Imagínate que un genio te concedió tres deseos. ¿Qué deseos pedirías?
   1.
   2.
   3.

4. ¿Cuál sería un título más apropiado para este cuento? ¿Y un mejor apellido para el director?

5. ¿Piensas que el deseo era prudente? Explícalo.

Un deseo prudente: La historia continúa...

√ Escribe la continuación del cuento, 'Un deseo prudente' desde la perspectiva del estudiante. Usa un mínimo de 200 palabras. Describe lo que pasaría después de salvarle la vida al Sr. Rezongón. ¿Regresan Uds. dos a la escuela? ¿Te trata diferente el Sr. R.? ¿Alguien descubre que le salvaste la vida? ¿Cambias tu deseo y pides otro? ¿Te da el deseo que pediste?

Capítulo cinco: Lidia y la hermanastra molesta

Minicuento A	**Minicuento B**
fue de compras	tenía que trabajar
se probó	estaba preocupada
barata	le pidió ayuda
no lo dejó entrar	le quedó bien
demasiado gordo	combinaba con
llevaba puesto un abrigo	bastante famosa

Minicuento C	**Minicuento D**
no podía comprar	se portaba muy mal
tanto dinero como	quería pelear
cara	molestaba
estaba en oferta	no le hizo caso
se dio cuenta	las monedas
la misma	lo sacudió

Mini-cuento A

fue de compras	**no lo dejó entrar**
se probó	**demasiado gordo**
barata	**llevaba puesto un abrigo**

Yo tenía un amigo en España. Era un gorila sin pelo que vivía en la ciudad de Madrid. Se llamaba Guillermo. Él era grandísimo, muy gordo, y siempre tenía frío en el invierno. Esperaba que Papá Noel le diera un abrigo para la Navidad, pero no recibió ningún abrigo. Papá Noel dejó una nota que decía: *"Lo siento mucho pero sólo doy regalos a los humanos, no a los gorilas"*. Un día de enero, decidió que no quería tener más frío. Quería comprar un abrigo de piel porque vio a la esposa de Donald Trump con un abrigo de piel y ella no tenía frío. Fue de compras a la zona más elegante de Madrid que se llama el barrio de Salamanca. Las tiendas en el barrio de Salamanca no son tiendas de ropa barata; son muy elegantes. Guillermo no sabía que era una zona muy elegante; él sólo quería un abrigo para no tener frío.

Quiso entrar en una tienda que se llamaba **Peletería Presumida**[1]. El dependiente de la tienda era muy antipático. Le dijo a Guillermo que era demasiado pobre para comprar uno de sus elegantes abrigos. No lo dejó entrar porque era demasiado pobre. (¿Cómo sabía el dependiente antipático que Guillermo era demasiado pobre para comprar uno de los abrigos de piel? Lo pensaba porque normalmente los gorilas no tienen buenos trabajos, por supuesto.) Guillermo se fue. Caminó hasta un centro comercial que se llama ABC Serrano. Los precios eran más baratos en estas tiendas. Buscó una tienda que tenía abrigos. Por fin encontró una tienda con abrigos. La tienda se llamaba Chaquetas Chiquillas. La dependiente que trabajaba allí vio a Guillermo y cerró la puerta. Ella no lo dejó entrar. Guillermo gritó: *"Por favor señorita, no soy demasiado pobre. Tengo dinero. Solo quisiera probarme un abrigo. Tengo frío"*. La dependiente era tan antipática como el dependiente de la tienda elegante. Ella no lo dejó entrar porque era demasiado gordo. Ella dijo: *"Ud. es demasiado gordo y grande. Nuestros abrigos son para las chicas pequeñas"*.

Desesperado y con mucho frío, el pobre gorila se subió al metro. En el metro, vio a un hombre muy grande y gordo. El hombre llevaba puesto un abrigo muy bueno. El hombre no tenía frío para nada. El gorila le preguntó: "Señor, disculpe, pero busco información. Necesito un buen abrigo y no he tenido buena suerte. Fui de compras al barrio de Salamanca y un dependiente antipático me dijo que yo era demasiado pobre para comprar en su tienda. No me dejó entrar para nada. Tampoco pude entrar en una tienda en el centro comercial ABC Serrano. Allí la dependiente también era muy antipática y me dijo que yo era demasiado gordo y grande para sus abrigos. ¿Dónde puedo comprarme un abrigo igual que el suyo?". El hombre no fue antipático con el gorila. Le dijo que había un mercado todos los domingos en Madrid. Necesitaba ir a la estación Sol y buscar el mercado que se llamaba El Rastro. Allí había un vendedor de abrigos muy baratos y grandes.

El gorila esperaba con ansiedad el día domingo. Cuando llegó el domingo, se subió al metro otra vez y fue a la estación Sol. Bajó del metro y fue al mercado. Allí encontró al vendedor de chaquetas. El vendedor no era antipático. Le ayudó a encontrar el abrigo perfecto. Se probó el abrigo. Se veía muy guapo. Tommy Hilfiger caminaba por la calle cuando vio al gorila con el abrigo puesto. Tommy corrió hacia el gorila y le dijo: "No voy a dejarte llevar puesto este abrigo. Es demasiado feo para ti. Tú eres el gorila más guapo que he visto. ¡Tú vas a ser mi modelo de abrigos en Nueva York!". Así que Tommy no lo dejó comprar el abrigo barato en el Rastro. Tommy le dio un nuevo abrigo y ellos fueron a Nueva York. Ahora el gorila es demasiado famoso para ser mi amigo.

[1]**Vain Fur Shop (Conceited Fur Shop)**

√ Contesta las siguientes preguntas.

1. ¿Por qué no tenía un abrigo Guillermo?

2. Guillermo no pudo entrar en la primera tienda. ¿Por qué?

3. ¿Cuál era la diferencia entre la primera y la segunda tienda?

4. ¿Por qué fueron similares las experiencias de Guillermo en las dos tiendas?

5. ¿Quién fue la primera persona que ayudó a Guillermo?

6. ¿Dónde conoció Guillermo a esta persona?

7. ¿Por qué Tommy Hilfiger no dejó que Guillermo se llevara el abrigo?

8. Por fin, ¿cómo recibió un abrigo nuevo Guillermo?

Preguntas Personales

1. La última vez que fuiste de compras, ¿adónde fuiste?

2. ¿Qué compraste cuando fuiste de compras?

3. Normalmente, ¿compras ropa barata o cara?

4. ¿Te pruebas la ropa antes de comprarla? ¿Por qué o por qué no?

5. ¿Qué llevas puesto tú cuando hace frío?

6. ¿Qué dirías (would you say) si una persona no te dejara entrar en una tienda?

Mini-cuento A: Versión #2

Había una mujer muy vieja. Iba a viajar en un crucero. Así que ella se fue de compras a Miami. Ella se probó un bikini. Cuando su esposo la vio en el bikini, él se rió como loco. El le dijo: *"Mujer, ¡eres demasiado vieja para llevar puesto un bikini!"*. La mujer estaba triste porque realmente quería llevar puesto el bikini. Ella fue de compras a otra tienda. Fue de compras en una tienda llamada "Demasiado vieja". Buscaba un bikini más apropiado para una mujer de su edad. Su esposo quería entrar en la tienda, pero ella no lo dejó entrar. Ella no lo dejó entrar porque él era demasiado criticón. Ella se probó mil quinientos noventa y tres trajes de baño, y por fin encontró un traje de baño perfecto, muy modesto, y muy bonito. No le salió barato, ¡le costó un ojo de la cara!

La pareja fue de viaje en el crucero. La mujer vieja estaba muy emocionada porque llevaba su traje de baño nuevo. Era una sorpresa para su esposo. Ella se puso el traje de baño y fue a la piscina del crucero. Cuando llegó, vio a su esposo. ¡Su esposo llevaba puesto un Speedo! ¡Qué vergüenza! La mujer se enojó y le dijo: *"¡Tú eres demasiado gordo!"*. Al día siguiente, la mujer no lo dejó ir a la piscina ...¡hasta que llevara puesto un abrigo!

√ Escribe tres preguntas sobre Versión 2.

1.

2.

3.

Mini-lectura cultural: Supermercados

En las grandes tiendas o supermercados se pueden encontrar tantos productos como se desee comprar. En Latinoamérica los supermercados han crecido desde hace unos 30 años y cadenas internacionales continúan abriendo sus tiendas en distintos países.

Ir de compras a un centro comercial puede llevar horas porque se encuentra de todo, cosas baratas y cosas no tan baratas. Para ir al supermercado es esencial tener paciencia y tiempo. También es necesario que los clientes pongan en práctica sus conocimientos sobre los alimentos que allí se venden para obtener mayor calidad y comprar productos más frescos.

En los supermercados más grandes se pueden encontrar ropas o zapatos, aunque la calidad no es tan buena como la que ofrece las grandes tiendas. Por eso, es conveniente pedir a algún simpático dependiente para que ayude en la elección y es necesario hacerle caso para no tener sorpresas desagradables al volver a casa.

Como en cualquier país, los supermercados compiten para tener más clientes. Algunos supermercados devuelven el dinero si el cliente no está conforme. Otros no lo devuelven, pero cambian el producto. En España, hay una cadena muy famosa hace años que devuelve el dinero, y se hizo aún más famosa por ese motivo. La misma cadena también exhibe productos antes de su **lanzamiento**[1], lo que atrae a los clientes interesados en comprar "los productos más nuevos que hay". Un supermercado en Honduras tiene una forma particular de atraer clientes. Regala un certificado de compras que un cliente puede gastar o regalarle a algún familiar. Otro, es famoso por tener más de 30 tiendas en el país.

Países grandes o pequeños, ciudades importantes o no, todos poseen tiendas con productos y sistemas atractivos. Ir de compras es casi una obligación semanal para todas las familias. No es común que el latinoamericano haga la mayoría de sus compras por Internet y disfrute de la tranquilidad de sus casa.

[1]launch

√ Haz una comparación entre los supermercados de Latinoamérica y los de EEUU.

Latinoamérica **Estados Unidos**

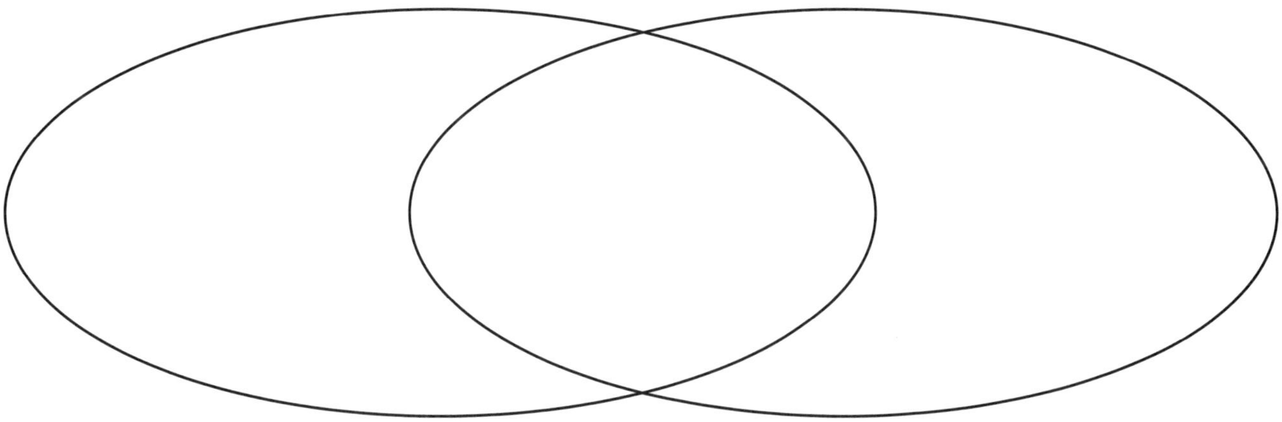

Mini-cuento B

tenía que trabajar	**le quedó bien**
estaba preocupada	**combinaba con**
le pidió ayuda	**bastante famosa**

Julia era modelo de Cover Girl. Ella era muy bonita. Era tan bonita que tenía que trabajar todos los días y como mínimo tenía que trabajar catorce horas al día. También era bastante famosa. No era tan famosa como Heidi Klum, pero era bastante famosa. Muchos fotógrafos y reporteros la perseguían todo el día. Tenía que ir a trabajar muy temprano todos los días para evitar problemas con los paparazzi. Pero como era muy bonita y estaba muy contenta con su trabajo parecía que no tenía problemas muy serios.

Pero un día, Julia se despertó a las cuatro de la mañana porque entraba a trabajar a las seis. Fue al baño, se miró en el espejo y vio que tenía un grano enorme entre los ojos. ¡El grano parecía más grande y rojo que un volcán! Julia estaba muy preocupada porque tenía que trabajar en sólo dos horas. ¡Un grano tan enorme era un problema mucho más serio que los paparazzi! Julia necesitaba consejos. Primero, Julia llamó por teléfono a su mejor amiga, Lorena, y le pidió ayuda. Lorena no estaba para nada contenta porque cuando llamó Julia estaba durmiendo. Pero Lorena era una buena amiga y le dio una idea. Ella le sugirió a Julia que se cubriera el grano con maquillaje. Después de todo, ¡ella era modelo de una compañía de maquillaje! Julia trató de cubrirse el grano con maquillaje, pero era demasiado grande. Le faltaba suficiente maquillaje para esconder el grano completamente. Además, parecía que tenía un pastel entre los ojos con tanto maquillaje.

Entonces, Julia mandó un mensaje de texto a su amiga Tyra Banks, y le pidió ayuda a ella. Tyra le pidió una foto del grano. Así que Julia sacó una foto con su teléfono y se la mandó a Tyra. El grano era tan enorme que Tyra no podía ver la cara de Julia, solo podía ver el enorme grano. Tyra se puso muy nerviosa y gritó: *"¡Ay de mí! ¡Esta es una emergencia!".* Tyra llamó al 911 y pidió una ambulancia para su amiga. La ambulancia llegó a la casa y los paramédicos llevaron a Julia al hospital cuidadosamente. Uno de los paramédicos dijo: *"Maneja más rápido, ¡tenemos una emergencia de verdad! ¡Este grano es el más enorme que he visto en mi vida!".*

En el hospital, un médico muy simpático que se llamaba Dr. Futuroesposo la examinó. Julia tenía ganas de llorar cuando ella le pidió ayuda. Eran las seis de la mañana y no podía trabajar hasta que le quitaran el grano. El Dr. Futuroesposo le dijo que el grano le parecía el grano más hermoso de todo el mundo. El le dijo que no necesitaba su ayuda, ni ninguna medicina. Le sugirió que se comprara un vestido rojo y elegante para combinar con su hermoso grano. Julia se puso contenta cuando escuchó lo que le dijo el médico. También Julia notó que el médico era muy guapo.

Julia buscó un vestido rojo que combinaba bien con su grano. Lo encontró en un almacén que se llamaba Macy's. Se lo probó y le quedó perfectamante. También combinaba bien con su grano. Se sintió muy contenta y fue a trabajar. Cuando llegó a su trabajo...

√ Escribe y dibuja una conclusión al cuento. ¿Qué le pasó a Julia cuando llegó a su trabajo? ¿Volvió a ver al doctor guapo? ¿El grano desapareció?

Capítulo cinco

√ Contesta las siguientas preguntas sobre Mini-cuento B.

1. ¿Cómo era el grano de Julia?

2. ¿Has tenido un grano enorme? ¿Qué hiciste?

3. ¿Por qué no estaba contenta Lorena cuando recibió la llamada de Julia?

4. ¿Qué dirías tú si un amigo tuyo te llamara a las cuatro de la mañana?

5. ¿Por qué no era una buena solución el maquillaje?

6. Si tú fueras el amigo/la amiga de Julia, ¿qué le recomendarías?

7. ¿Cómo vio el grano Tyra?

8. ¿Tienes cámara en tu teléfono móvil? ¿Sacas fotos de granos?

9. ¿Cómo le ayudó el médico?

10. ¿Por qué buscó ese vestido en particular para llevar al trabajo?

11. ¿Qué significa el apellido del médico?

12. ¿Qué piensas que va a pasar cuando Julia llegue a su trabajo con el grano enorme?

√ The word ***bastante*** means *quite* or *pretty*. Not *pretty* as in *good-looking* but pretty as in: *My dog is pretty friendly.* Complete each of these sentences about your own life. Then, create 2 original sentences that use the word ***bastante***.

1. Mi casa es bastante ______________________________.

2. Los bailes de la escuela son bastante ____________________________________.

3. Mi amiga _______________ es bastante ____________________________________.

4. ____.

5. ____.

Mini-cuento B: Versión 2

Cuando eran jóvenes, mis hermanas eran modelos de Cover Girl. Ellas eran muy bonitas. Un día, estaban muy preocupadas porque tenían granos entre los ojos. ¡Los granos eran más grandes que un volcán! Les entró pánico porque tenían que trabajar en dos minutos. Ellas manejaron rápidamente al hospital y le pidieron ayuda a un médico. El médico era muy simpático y les dijo que eran los granos más bonitos de todo el mundo. Entonces mis hermanas se pusieron contentas con sus granos.

Luego, ellas fueron a su trabajo. Manejaron rápidamente porque no querían llegar tarde. De repente, un policía las miró y las persiguió. Las chicas estaban muy preocupadas. Pero ellas no le hicieron caso y manejaron más rápido. Por fin, ellas llegaron al trabajo y el policía también. Las chicas le pidieron ayuda al policia. Ellas le dijeron: *"Somos modelos de Cover Girl y fuimos al doctor porque tenemos granos enormes".* El policía les respondió: *"¡Sus granos son los más bonitos de todo el mundo!".* Entonces, las dejó ir.

Mini-lectura cultural: De boticas y farmacias

Buscar una farmacia a mitad de la noche siempre es un inconveniente. Quiere decir que alguien necesita un remedio y no lo tiene en la casa. No todas las *boticas* -como son llamadas todavía en Perú, en España o en México- están abiertas las 24 horas todos los días de la semana, pero la mayoría de las personas tiene una farmacia cerca. En Bolivia, existen las grandes farmacias o las *boticas comunales*, pequeñas tiendas de emergencia donde se entregan medicamentos.

En Argentina y en Uruguay a las boticas se llaman "farmacias". El "farmacéutico" es el señor muy simpático a quien los clientes despiertan a mitad de la noche, porque **está de turno**[1]. Muchos van con recetas con la prescripción del médico, pero otros van a la farmacia para pedir ayuda "antes de ir al médico". En todos los casos, el farmacéutico tiene que trabajar de consejero. Así, es el farmacéutico quien tiene que resolver los problemas, aunque muchas veces la solución sea **momentánea**[2].

Hay algunas farmacias tradicionales muy antiguas donde sólo se venden medicamentos, pero la mayoría también tienen productos de cosmética, perfumes, alimentos y pañales para bebés. Muchas están abiertas las 24 horas y funcionan como autoservicios. Otras, se organizan en "turnos". En los turnos, varias farmacias de un área, se "turnan" para estar abiertas las 24 horas un día por semana. Así, el cliente siempre tiene una farmacia abierta cerca de quien pedir ayuda. Otro servicio que tienen algunas farmacias es el de "delivery" o reparto -aunque la palabra en inglés se usa tanto como la española. En este caso, el cliente llama por teléfono y un dependiente lleva y entrega el medicamento a la casa. Hoy en día, las farmacias y los farmacéuticos siguen teniendo la función importante que tenían en el pasado. Siempre se puede contar con ellos ante una emergencia: ya sea porque el médico prescribió un medicamento que el cliente tiene que comprar en el medio de la noche, o porque el cliente tiene un problema que necesita una solución inmediata y no puede ir al médico porque tiene que trabajar. Día y noche están al servicio de todos los que piden ayuda en temas médicos.

[1]shift, on duty [2]temporary

√ Haz una comparación entre las farmacias y los farmacéuticos de Latinoamérica y los de EEUU.

Latinoamérica **Estados Unidos**

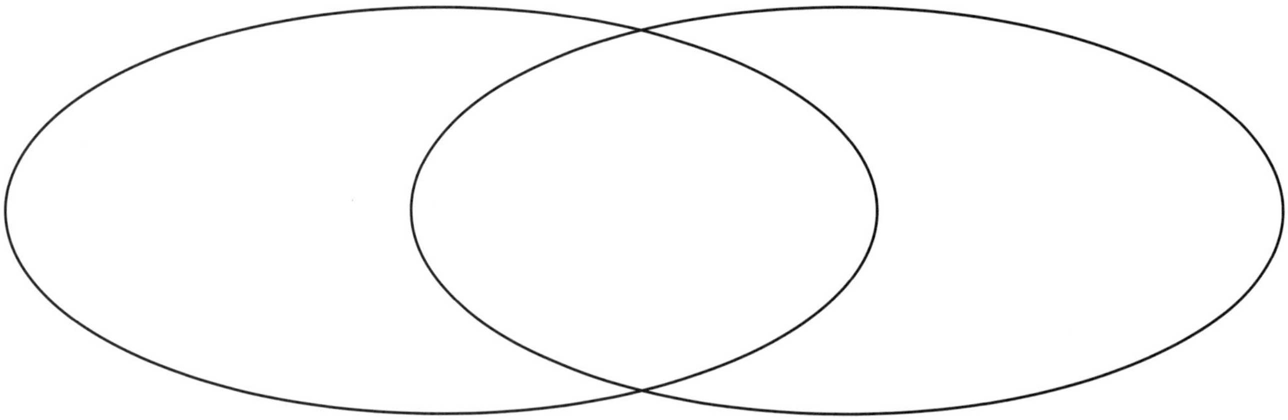

The verb quedar/quedarse

√ The verb quedar (also quedarse) can be confusing. It has many different meanings and can be used in many "dichos" or sayings as well. Here are just some of the possible meanings of this useful Spanish verb!

- **Quedarse = to stay, to remain in a location**
  Ellos se quedaron una semana en Disneymundo.
  Ella se quedó en Kansas por el resto de su vida.

- **Quedarse = to enter into a physical or emotional state; to be left in a state.**
  Después del accidente, la chica se quedó sin el uso de las piernas.
  La mujer quedó embarazada.
  Cuando mi abuelo se murió, mi abuela se quedó muy deprimida.
  El pobre hombre se quedó sin empleo.

- **Quedar = to meet up with people (prearranged meeting).**
  Mis amigos y yo siempre quedábamos en el mismo café todos los domingos.
  ¿Quedamos a las ocho en el cine?

- **Quedar = to suit a person; to fit; to look nice on someone.**
  ¡Esta camisa te queda muy bien, Raúl!
  Me duelen los pies...estos zapatos me quedan muy pequeños.
  El vestido le queda muy bonito a Lilia.

- **Quedar = to have left; to remain. Also used for amount of time remaining.**
  ¿Hay más chocolates? No, sólo quedan los Skittles.
  ¿Cuántos pesos te quedan? ¡Sólo me quedan diez pesos!
  Sólo nos quedan 3 segundos en el partido de fútbol americano.

- **Quedar = to agree upon.**
  Entonces, ¡quedamos en que mi hermana no se va a casar contigo!
  Le ofrezco quinientos mil pesos. Bueno, quedamos en quinientos pesos para el collar.
  Quedar = to be located.
  Disneymundo queda en el Estado de la Florida.
  McDonalds queda a cinco minutos de mi casa.

√ Can you figure out the meanings of some of these Spanish sayings that use the verb quedar/quedarse?

1) Aunque la mona se vista de seda, mona se queda.

2) Donde hubo fuego cenizas quedan.

3) La cuestión no es llegar, sino quedarse.

4) Lo que dejes para después, para después se queda.

5) Dios no se queda con nada de nadie.

6) Donde hubo pan, migas quedan.

7) El que parte y comparte, se queda con la mejor parte.

8) Le quedó como anillo al dedo.

9) No dejes al comer muy limpio el plato, porque el lamer queda para el gato.

10) Quedarse tan fresco como una lechuga.

Mini-cuento C

no podía comprar	**estaba en oferta**
tanto dinero como	**se dio cuenta**
cara	**la misma**

Había dos muchachos que se llamaban Simon Cowell y Randy Jackson. Ellos tenían ganas de comprar motos. Querían juntarse con un grupo de motociclistas. Querían juntarse con un grupo de motociclistas porque mucha gente se reía de ellos. Mucha gente decía que Simón era muy antipático y que Randy no cantaba bien. Así que querían unas motos muy caras para impresionar a todas las mujeres y para taparle la boca a la gente criticona. Sabían que Arnold Swartzenegger tenía una moto muy cara. Tenía una moto Harley-Davidson. Los muchachos querían la misma motocicleta que tenía Arnold Swartzenegger.

Un día, fueron a la casa de Arnold para admirar su moto. Era una moto muy buena, pero los hombres no tenían tanto dinero como Arnold Swartzenegger, así que no podían comprar la misma moto. Los hombres pensaron cinco segundos. Entonces, Simon, que era tan loco como una **cabra**[1], tuvo una idea. Él fue caminando a pie y dijo: *"¡Brum! ¡Brum!"*. Pensaba que no era necesario tener una moto y caminar no le costó nada. El otro muchacho, Randy, tuvo una idea mejor. Él fue a Harley de Madrid. Allí todas las motos Harley-Davidson estaban en oferta. No eran caras. La misma moto que tenía Arnold Swartzenegger estaba en oferta por quince euros. Randy tenía quince euros y se la compró en seguida.

Mientras tanto, Simon "manejaba" enfrente de la casa de Arnold Swartzenegger y decía: *"¡Brum! ¡Brum!"*. La esposa de Arnold se quejaba porque ese loco no dejaba de decir: *"¡Brum! ¡Brum!"*. Arnold se dio cuenta de que al pobre muchacho le faltaba una moto. Arnold le regaló su moto de lujo con la condición de que saliera de su calle y nunca regresara. Simón estaba muy feliz porque ya tenía una moto y salió sin decir nada. Simón pensó: ¡Ahora no van a reírse de mí!

Simón fue por la autopista hasta que se encontró con su amigo Randy. Randy y Simón fueron en las motos hasta una reunión de motociclistas. El grupo de motociclistas se llamaban "Los Angeles de Charlie". Los motociclistas se dieron cuenta de que Randy y Simón no eran motociclistas verdaderos. Los motociclistas se rieron de ellos porque no tenían pantalones de **cuero**[2], ni tenían tantos **tatuajes**[3] como ellos. Solo tenían cinco tatuajes cada uno, y para ser un motociclista se necesita como mínimo seis tatuajes. Se probaron pantalones de cuero en una tienda que se llamaba "El toro loco". Los pantalones eran muy caros pero estaban en oferta por ochenta y tres euros. Compraron los mismos pantalones rojos que Mick Jagger llevaba puestos durante sus conciertos. Después fueron a un salón de tatuajes. Los tatuajes eran muy caros también, pero los tatuajes morados estaban en oferta. Así que los dos se pusieron tatuajes de Barney.

Después regresaron a la reunión de motociclistas y todos se rieron otra vez. Entonces Simon y Randy se dieron cuenta de que no eran motociclistas verdaderos. Vendieron las motos y compraron dos Volkswagens. Ahora manejan los mismos carros y no les importa cuando la gente se ríe de ellos.

[1]goat **[2]leather** **[3]tattoos**

√ Ilustra la segunda parte del cuento y corrige las siguientes oraciones falsas.

1. Randy quería una moto para llegar a su trabajo.
2. Simón quería un coche.
3. Randy era buen cantante.
4. Arnold era más rico que Simón y Randy.
5. Simón compró una moto barata.
6. La esposa de Arnold invitó a Simón a tomar un café en la casa.
7. Arnold le dio una moto a Simón.
8. Randy y Simón compraron pantalones caros.
9. Randy y Simón se pusieron tatuajes caros.
10. Los motociclistas tenían miedo de Simón y Randy.

¿Qué falta?

√ Mira el primer y el último dibujo. Completa la historia con tus propios dibujos. Luego, escribe la historia que has ilustrado. Usa tantas palabras nuevas como puedas.

Mini-lectura cultural: Reparto[1] en motos

Las calles de muchas ciudades latinoamericanas están pobladas de motos que reparten a domicilio comidas, desayunos, vinos, **bombones**[2], flores y libros. La ventaja de sólo pedir por teléfono lo que se desea y en minutos recibirlo hace que cada vez más muchachos se dediquen al reparto en motos, algunas pequeñas, otras un poco más grandes. Los muchachos que hacen repartos desean ganar tanto dinero como puedan y van de un lado a otro llevando pizzas, helados, tortas y hasta algún producto que no se necesita, pero **está en oferta**[3].

En Madrid, Santander y otras ciudades españolas se usa las motos muy frecuentemente para llevar documentos o paquetes rápidamente de un lugar a otro. En Buenos Aires también se utiliza motos para llevar mensajes rápidamente pero no se necesita comprar una moto para hacer el reparto. Hay empresas que alquilan o rentan motos y buenos conductores pueden utilizarlas, mientras que en Chile, motos de última generación son cada vez más usadas como medio para transportar desde la comida pedida por teléfono hasta el regalo a la novia. Tal vez no es muy romántico como darle una serenata, pero sin duda es rápido, seguro y sorpresivo.

[1]**delivery, distribution** [2]**bonbons, chocolates** [3]**on sale**

√ Contesta las siguientes preguntas.

1. ¿Conoces a alguien que tiene una moto? ¿Usa la moto para hacer repartos?

2. ¿Hay motos que reparten comidas en tu ciudad?

3. ¿Has pedido una pizza u otra comida por teléfono y te la llevaron en moto?

Mini-cuento D

se portaba muy mal	**no le hizo caso**
quería pelear	**las monedas**
molestaba	**lo sacudió**

Había un muchacho llamado Juanes que se portaba muy mal. A dondequiera que iba, molestaba a toda la gente. Cuando iba a la escuela, tiraba papeles y rompía los lápices de los otros estudiantes. Gritaba malas palabras en el patio de recreo y en la sala de clase. Quería pelear con cualquier persona que veía.

Un día, Juanes fue a la escuela. Necesitaba monedas para comprar un refresco de la máquina vendedora. No le pidió permiso a la profesora (ella no permitía refrescos en la clase). Quería pelear con los chicos y tomar sus monedas. Se acercó a otro muchacho que se llamaba Marcos. Le dijo a Marcos: *"Marcos, dame tus monedas. No tengo monedas para comprar mi refresco".* Marcos le respondió: *"No me molestes, Juanes, no tengo monedas para ti".* Marcos le dio la espalda y no le hizo más caso. Juanes se puso bastante enojado entonces. Levantó a Marcos por los pies y lo sacudió hasta que todas las monedas que tenía se cayeron al suelo. Lo sacudió tanto que Marcos tenía la cara completamente roja. Marcos lloraba mientras Juanes tomaba las monedas. Juanes sólo se rió. A él le gustaba mucho portarse mal.

Juanes fue a la cafetería y compró su refresco. Estaba bebiendo cuando vio a un muchacho que se llamaba Manolito. Manolito era bastante pequeño y no hablaba mucho. Manolito siempre se portaba bien. Juanes molestaba a Manolito todos los días y se portaba como un animal. Un día Manolito estaba comiendo un **bocadillo**[1] de jamón y queso y Juanes le dijo: *"Oye, Manolito, ¡dame el bocadillo!".* Manolito no le hizo caso porque no quería darle su bocadillo. Juanes se acercó a Manolito hasta que se tocaron las narices. *"¡¡Dame el bocadillo!!",* gritó. Manolito no quería pelear, así que le dio su bocadillo y salió corriendo.

Después de las clases, Juanes caminaba a su casa cuando vio a un muchacho que se llamaba Chuck Norris, hijo. Chuck era un muchacho bastante pequeño, y se portaba bastante bien. Chuck tenía un videojuego que Juanes quería. Era el videojuego que se llamaba "El Ninja Maleducado". Caminaba y jugaba y no molestaba a nadie. Juanes gritó: *"¡Dame el videojuego!".* Chuck no le hizo caso porque no quería pelear. Quería seguir jugando al videojuego. Juanes se enojó. Sacudió las monedas en su **bolsillo**[2] y tuvo una idea. Empezó a tirarle monedas a Chuck en la cabeza. Chuck se dio vuelta y le dijo: *"Déjame en paz. No quiero pelear contigo".* Juanes se rió fuertemente porque Chuck era mucho más pequeño que él. No parecía muy fuerte, por lo menos no parecía tan fuerte como Juanes. Juanes le dijo: *"¿Pobre bebé, no quieres pelear conmigo? ¿Tienes miedo? ¡¡Dame el videojuego!!".* Chuck se dio vuelta otra vez, miró a Juanes a los ojos y le dijo: *"Tú no quieres pelear conmigo. Soy experto en karate".*

Juanes se rió fuertemente y corrió hacia Chuck. Chuck no se movió. Juanes se tropezó con una moneda y se cayó. Se lastimó cuando se cayó y tenía los brazos rotos y los ojos morados. Juanes pensó que Chuck lo había lastimado y sintió miedo de Chuck. Chuck dijo: *"Te dije que soy experto en karate. Lo aprendí de mi videojuego".* Ahora Juanes no pelea, se porta muy bien y no molesta a Chuck para nada.

[1]**sandwich** [2]**pocket**

√ Marca cada oración con Verdadero o Falso.

1._____ Juanes se portaba mal en la casa pero bien en la escuela.

2._____ La profesora sacudió a Juanes porque se portaba mal.

3._____ Juanes compró un bocadillo con las monedas de Marcos.

4._____ Manolito le dio su bocadillo y salió.

5._____ Juanes vio a Chuck afuera de la escuela.

6._____ Chuck tenía miedo de Juanes.

7._____ Juanes le ofreció dinero a Chuck por su videojuego.

8._____ Al final de la historia Chuck le pegó a Juanes.

9._____ Juanes pensó que Check había usado el karate para lastimarlo.

10._____ Juanes se tropezó con una moneda y se lastimó.

√ Contesta las siguientes sobre el Mini-cuento D.

1. ¿Cómo se portaba Juanes?

2. ¿Cómo te portas tú en la escuela?

3. ¿Por qué no ayudaron los profesores a Marcos y a Manolito?

4. ¿Cuál es tu videojuego favorito?

5. ¿Cuál era tu videojuego favorito cuando eras un niño pequeño?

6. ¿Peleas con otra persona? ¿Con quién peleas?

7. ¿Peleabas con alguien cuando eras un niño pequeño?

8. ¿Qué piensas que dijeron la mamá o el papá de Juanes cuando llegó a la casa con los brazos rotos y los ojos morados?

9. ¿Qué diría tu familia si tú pelearas y llegaras a casa en esta condición?

10. ¿Es posible tropezar con una moneda? ¿Por qué sí o por qué no?

Mini-cuento D: Versión 2

Había una muchacha muy terrible que se llamaba Magdalena. Magdalena era muy pequeña, muy bonita, y tenía pelo largo y castaño. Físicamente ella parecía una princesa, pero Magdalena tenía un problema. Ella tenía músculos grandes, una boca grande y siempre quería pelear. Quería pelear tanto con las muchachas como con los muchachos. Magdalena también se portaba muy mal en las clases. Ella insultaba a los profes y a sus compañeros. Molestaba a los otros niños, molestaba a los profes y molestaba a sus padres también. Cuando el profesor de matemática les dio ejercicios de tarea ella no le hizo caso y tampoco le hizo caso cuando les pidió que estudiaran para la prueba de fin de curso.

Un día, la profesora anunció a los estudiantes que ellos iban a hacer una excursión de fin de curso en junio. Iban a ir a Disneymundo. Todos los estudiantes se preocuparon porque Magdalena iba también.

En el autobús, Magdalena no les prestó atención a los otros estudiantes. Se portaba muy bien. Durmió durante la mayor parte del viaje. Pero cuando llegaron a Disneymundo, ella empezó a portarse mal. Primero, ella corrió al monocarril. Ella entró en el cuarto del conductor y quería manejar. Ella manejaba como una loca y por fin el monocarril se rompió. Ella se rió y salió.

Entonces, Magdalena fue a la atracción "Los Piratas del Caribe". Molestaba a la gente que esperaba entrar en la atracción. Ella gritaba: *"¡ARGH!"*, en voz alta como un pirata. También gritaba: *"¡Quiero pelear con El Capitán!"*. La gente no le hizo caso, así que ella salió.

Ella decidió ir a la atracción "Es un mundo pequeño". Allí comenzó a molestar a todas las personas. Ella se sentó en su asiento y la atracción empezó. Los muñecos cantaban la misma canción sin parar. La atracción molestaba muchísimo a Magdalena, pero ella no podía salir. Ella gritó muchas veces pero nadie le hizo caso. Ella quería romper los muñecos y pelear con la persona que conducía la atracción, pero no podía salir de su asiento. Estaba atrapada.

Ella pasó cuarenta y siete horas en la atracción. Ella podía ver a los otros estudiantes de su escuela riéndose de ella. Ella sabía que era una mala persona y por eso ellos le dieron un castigo. Por fin, ella empezó a llorar. En ese momento, la atracción se paró y ella pudo salir. Ella salió, les pidió perdón a sus compañeros y a los profesores y les regaló orejas de ratón a todos. Ahora Magdalena se porta bien todos los días y es muy popular.

Una frase útil: de todas maneras

***De todas maneras* means "anyway". The following are some sentences which show how this phrase would be used in Spanish:**

La chica sabía que el pastel tenía muchas calorías, pero lo comió de todas maneras.
El muchacho no tenía dinero, pero de todas maneras fue de compras.
El vestido era muy feo pero mi mamá lo compró de todas maneras.

√ Now, write 5 unique sentences of your own using the phrase "de todas maneras". Be prepared to share your sentences with the class!

1.

2.

3.

4.

5.

¡Vamos de compras!

√ Lee el siguiente diálogo que ocurre en una tienda de ropa elegante en la Gran Vía en Madrid.

Dependiente: Buenos días, bienvenida a Moda Mujer. ¿En qué puedo servirle?

Cliente: Buenos días, sólo estoy mirando.

Dependiente: Bueno, si hay algo que necesita, dígamelo.

Cliente: Pues, me gustan estos vestidos. ¿Puedo probarme esto?

Dependiente: Por supuesto.

Cliente: (sale con el vestido puesto) Parece que me queda un poco grande. ¿Tiene una talla más pequeña?

Dependiente: Claro que sí.

Cliente: (se prueba el mismo vestido en otra talla) Parece un color muy feo. ¿Podría traerme algo más bello?

Dependiente: Sí, ahorita vuelvo con otro.

Cliente: (se prueba otro vestido muy bello y elegante) ¡Parece perfecto! Me encanta. Me lo voy a llevar. (mira el vestido) ¡Ay de mí! Parece que este vestido está roto. ¿Hay otro parecido?

Dependiente: Ciertamente. Aquí tiene Ud. (le da el vestido)

Cliente: ¿Y cuánto cuesta el vestido?

Dependiente: Cinco mil euros.

Cliente: ¡Qué horror! Soy demasiado pobre para comprarlo.

Dependiente: Ud. puede comprar el vestido roto por sólo veinte euros y después puede arreglarlo fácilmente.

Cliente: Tiene razón ¡lo voy a llevar de todas maneras! ¡Muchísimas gracias!

Dependiente: A Ud. Que tenga un buen día, señorita.

√ Usando el diálogo de arriba, inventa una conversación entre el/la dependiente y el/la cliente. El/la cliente tiene que probarse tres prendas. Debes escribir la conversación en la página siguiente, usando tantas de las siguientes frases como puedas.

¿Puedo probarme...?	de todas maneras	un traje de baño
¿Tiene una talla...?	¿En qué puedo servirle?	una corbata
¿Podría traerme...?	Me queda un poco...	la ropa interior
¿Cuánto cuesta...?	una peluca	los calcetines

Mini-lectura cultural: ¿Castigos o premios?

En los tiempos modernos, hablar de castigos y premios en las escuelas, parece remontarnos a una época muy lejana. Estas prácticas de castigos y premios se han modificado **a lo largo de los años.**[1] Pero hoy también hay premios y castigos y se **han trasladado al hogar.**[2] *"Si apruebas el examen, te compraré un nuevo teléfono celular…"*, dicen algunos padres. *"Si te sacas una buena nota, no harás la próxima prueba escrita"*, dicen algunos maestros.

Algunos castigos pasados, especialmente los corporales, afortunadamente ya no se usa. En España y en otros países, el maestro podía pegar al niño con una **vara.**[3] En otros, los "chicos malos" iban "al rincón en penitencia" durante una media hora si se portaba mal en la clase. Y no podía darse vuelta y mirar al salón! Algunos adultos confiesan haber usado un **bonete de burro**[4] por no estudiar la lección.

A veces, el método de premiar se usaba para estimular sólo a los alumnos sobresalientes. En la actualidad muchos chicos se portan mal en clase, molestan y rompen cosas en la escuela. Por eso, las escuelas usan varias formas de castigos. Comer en clase, masticar chicles o gritar puede ser castigado si el maestro los ve. Si no lo descubre, puede convertirse en toda una aventura para un chico travieso.

[1]throughout the years [2]have transfered to home [3]rod, stick [4]burro's bonnet

√ **Haz una lista de premios y castigos que has recibido por tu conducta.**

Lidia y la hermanastra molesta

Lidia y la hermanastra molesta

Lidia, una muchacha de quince años, vivía con su padre, su madrastra, y su hermanastra que se llamaba Inés. Lidia era muy simpática y bonita, pero tenía que trabajar muchísimo en la casa porque su madrastra era muy antipática. Inés también era muy antipática y siempre se reía cuando Lidia tenía que limpiar la casa. Inés era tonta y fea y tenía un grano enorme permanentemente en su nariz.

La escuela de Lidia e Inés iba a hacer un gran baile en dos semanas. Las dos chicas tenían ganas de ir al baile. Inés le pidió dinero a su madrastra porque quería un vestido elegante. A Lidia le preocupaba de pedirle dinero a su madrastra, así que le pidió a su padre que también le tenía miedo a su esposa, la madrastra de Lidia. *"Pídeselo a tu madrastra"*, le dijo el padre a Lidia. Lidia estaba preocupada, pero le pidió dinero a su madrastra de todas maneras. La madrastra les dio dinero a las dos, pero a Lidia no le dio tanto dinero como a Inés. A Inés le dio quinientos dólares y a Lidia solamente le dio quince dólares (en monedas).

Al otro día, las muchachas se fueron de compras. Inés fue en coche pero Lidia fue a pie porque Inés nunca la dejaba entrar en su coche. Cuando Inés llegó a la tienda de ropa, se portó muy mal. Tomó doce vestidos caros y los miró. No le gustaron, así que los tiró al suelo. Por fin encontró uno que le gustó pero le quedaba demasiado pequeño. De todas maneras se lo probó pero lo rompió en dos pedazos. La dependiente se preocupó, corrió hacia Inés y le preguntó: *"¿En qué puedo servirle, señorita?"*. Inés se enojó y gritó: *"¡No me molestes!"*. La dependiente vio el vestido roto y le dijo: *"Parece que no le queda bien a Ud"*. Inés no le hizo caso y decidió ir de compras a otra tienda.

Lidia, que llevaba puestos unos zapatos muy viejos, fue de compras a pie. Cuando llegó a la tienda de ropa, vio varios vestidos muy elegantes, pero ¡costaban un ojo de la cara! ¡Eran carísimos! La dependiente tenía el vestido roto en las manos y se acercó a Lidia. *"¿En qué puedo servirle, señorita?"*. Lidia, cuyos ojos se llenaron de lágrimas, le respondió: *"Busco un vestido elegante, pero no tengo mucho dinero"*. Entonces, vio el vestido roto que tenía la dependiente en las manos, sacudió las monedas que tenía en su bolsillo y pensando que podía arreglarlo, le ofreció un dólar por el vestido. La dependiente estuvo de acuerdo y Lidia compró el vestido roto y salió de la tienda.

Después, fue a la zapatería porque necesitaba zapatos que combinaran con el vestido. Lidia buscó y buscó hasta que encontró unos zapatos que estaban muy de moda y que combinaban con su vestido nuevo. Se los probó. Inés vio los mismos zapatos y los quería. Inés gritó: *"¡Dámelos!"*. Inés quería pelear con Lidia, y la agarró de los hombros y la sacudió. Lidia no quería pelear, así que le dio los zapatos a su hermanastra antipática. Pero de pronto, Lidia vio en un rincón de la tienda unos zapatos que estaban en oferta y se los probó. Eran muy elegantes y combinaban con el vestido. Le quedaban un poco grandes, pero los compró de todas maneras porque eran muy baratos.

Capítulo cinco

√ Marca cada oración con verdadero o falso. Corrige las frases falsas.

1. _____ Lidia trabajaba mucho porque su familia era muy pobre.

2. _____ Inés se puso triste cuando su mamá maltrató a Lidia.

3. _____ La madrastra de Lidia le dio dinero.

4. _____ Inés manejó el coche y Lidia tomó el autobús para ir de compras.

5. _____ Inés encontró un vestido que le gustó mucho pero era demasiado pequeño para ella.

6. _____ Inés pagó el vestido roto y se lo dio a Lidia.

7. _____ Inés sacudió a Lidia en la tienda de zapatos.

8. _____ Lidia compró unos zapatos que le quedaban perfectamente.

9. _____ Lidia iba al baile.

10. _____ Inés decidió no ir al baile.

√ Contesta las siguientes preguntas sobre el cuento.

1.) ¿A cuál historia de Disney se parece esta historia? ¿En qué se parecen y en qué se diferencian las historias?

2.) ¿Cuántos dólares menos le dio a Lidia que a Inés? ¿Es justo?

3.) ¿En qué se portó mal Inés en la tienda?

4.) ¿Por qué compró Lidia los zapatos? ¿Por el precio, por el estilo, o porque le quedaron bien?

5.) Piénsalo... ¿Por qué no le ayudó a Lidia su padre?

Comparaciones

√ Llena los diagramas Venn con las siguientes descripciones para comparar a Inés con Lidia y a ti con tu hermano(a) o hermanastro(a). Si no tienes hermanos o hermanastros, compara hermanos de otra familia.

simpática	bonita	tenía que trabajar
antipática	tonta	quería un vestido elegante
se portó muy mal	gritó mucho	pagó un dólar por un vestido
manejó un carro	fue a pie	no tenía tanto dinero
vivía con su mamá	fea	tenía ganas de ir al baile

Lidia **Inés**

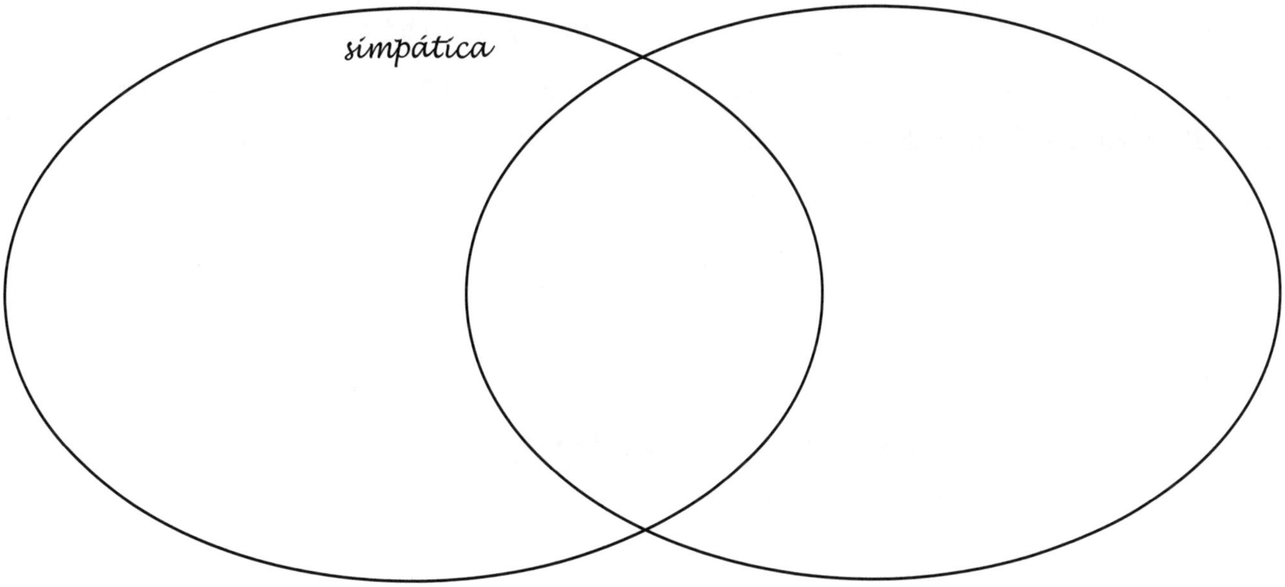

Nombre: **Nombre:**

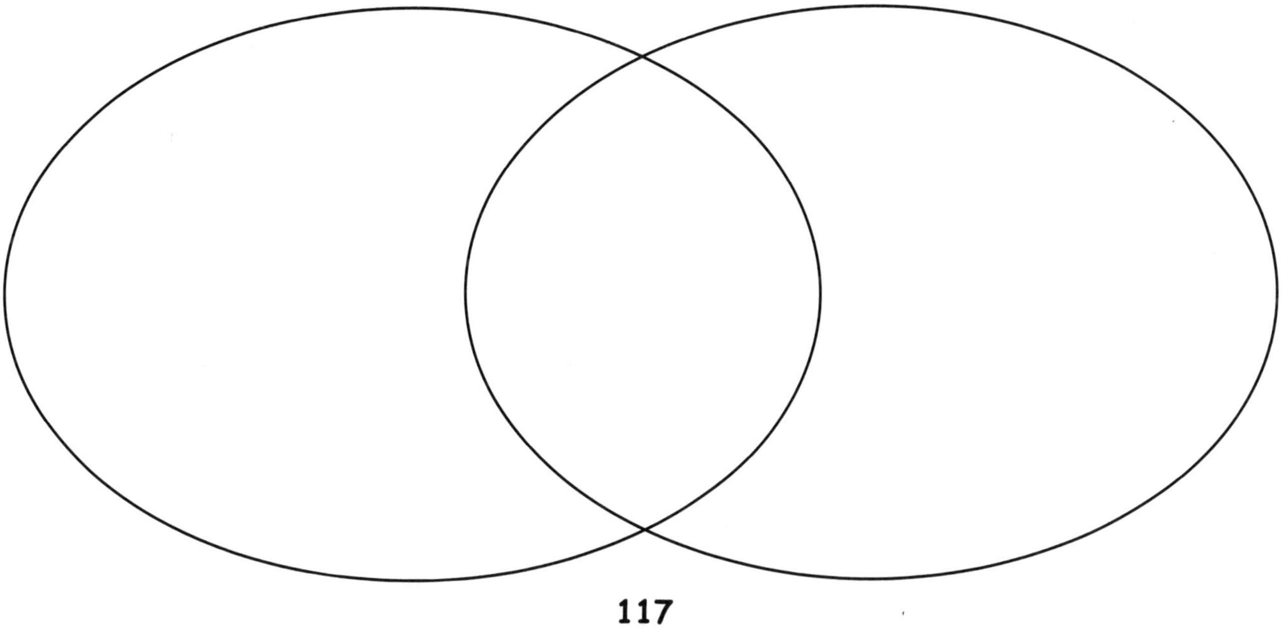

Capítulo cinco

√ Llena los espacios en blanco para contar el cuento como si hubiera dos *hermanastras*. (No tienes que usar todas las palabras y puedes usar las palabra más de una vez).

no le hizo caso - no le hicieron caso	manejó - manejaron	era - eran
tenía ganas - tenían ganas	se reía - se reían	fue - fueron
rompió - rompieron	llegó - llegaron	pidió - pidieron
encontró - encontraron	vio - vieron	gritó - gritaron

Lidia, una muchacha de quince años, vivía con su padre, su madrastra, y sus hermanastras que se llamaban Inés y Marta. Lidia era muy simpática y bonita, pero tenía que trabajar muchísimo en casa porque su madrastra era muy antipática. Inés y Marta **1)**____________ muy antipáticas, tontas y feas. Siempre **(2)**____________ cuando Lidia tenía que limpiar la casa.

La escuela de Lidia e Inés iba a hacer un gran baile y las tres chicas **(3)**____________ ____________ de ir. Lidia y Marta le **(4)**____________ dinero a su madrastra porque querían un vestido elegante. La madrastra les dio dinero a las tres, pero a Lidia no le dio tanto dinero como a Inés y a Marta. A Inés y Marta les dio quinientos dólares y a Lidia solamente le dio quince.

Ellas **(5)**____________ de compras. Inés y Marta **(6)**____________ en sus propios coches pero Lidia fue a pie porque sus hermanastras nunca la dejaban entrar en sus coches. Cuando Inés y Marta **(7)**____________ a la tienda de ropa, se portaron muy mal. Agarraron doce vestidos caros y no les gustaron, así que los tiraron al suelo. Por fin, cada muchacha **(8)**____________ uno que le gustó, y cada una se lo probó. Los vestidos no les quedaron bien; eran demasiado pequeños, y así los **(9)**____________ en dos pedazos. La dependiente se preocupó y corrió hacia ellas y les preguntó: *"¿Cómo puedo servirles, señoritas?"*. Ellas se enojaron y gritaron: *"¡No nos molestes!"*. La dependiente miró los vestidos rotos y les dijo: *"Me parece que no les quedan bien"*. Ellas no **(10)**________ ____________ ____________ y decidieron ir de compras a otra tienda.

Lidia por fin llegó a la tienda de ropa. La dependiente tenía un vestido que estaba roto en dos pedazos. Lidia compró el vestido por un dólar. Pensó que podía arreglarlo. Después, fue a la zapatería. Necesitaba zapatos que combinaran con el vestido. Lidia buscó y buscó, y encontró unos zapatos que estaban muy de moda y que combinaban con su vestido nuevo. Se los probó. Las hermanastras **(11)**____________ a la misma zapatería. **(12)**____________ los mismos zapatos y los querían. Ambas **(13)**____________: *"¡Dámelos!"* y como Lidia no quería pelear, se los dio a sus hermanastras antipáticas. Lida salió y fue a "Paga menos" y allí vio unos zapatos que estaban en oferta. Eran muy elegantes y combinaban con el vestido. Ella se los probó. Le quedaban un poco grandes, pero los compró de todas maneras porque eran muy baratos.

Capítulo seis:
El gran baile

Minicuento A

Perdió la razón

los zapatos con tacones altos

lo (la) persiguió

creció hasta que fue tan alto como Yao Ming

lo (la) conoció

estaba harta de

Minicuento B

le pidió una cita

la película era espantosa

sin embargo

el refresco chorreó

por todas partes

no besaba en la primera cita

Minicuento C

devolvió

salió del almacén

tan maquillada como un payaso

una entrada gratis

se miró en el espejo

olvidó

Minicuento D

se vistió

empujó

se arregló

el teléfono celular sonó

no aguantaba

se enamoró a primera vista

Mini-cuento A

perdió la razón	**lo (la) conoció**
los zapatos con tacones altos	**creció hasta que fue tan alto como Yao Ming**
lo (la) persiguió	**estaba harta de**

Había una muchacha llamada Amanda que quería comprar un par de zapatos. No quería zapatos normales sino que quería comprar zapatos con tacones altos. Era una muchacha muy baja y estaba harta de ser baja. Estaba harta de ser baja porque quería jugar al **baloncesto.**[1] Pensaba que **si tuviera zapatos con tacones altos, podría jugar al baloncesto**[2]**.** La chica decidió que necesitaba pedir ayuda a un profesional. Su hermano conocía a LeBron James. Así que ella fue a la casa de LeBron James y le pidió ayuda.

Le dijo: *"LeBron, soy muy baja. Estoy harta de ser baja. Quiero ponerme zapatos con tacones altos para parecer más alta. Quiero jugar al baloncesto".* Lebron le dijo: *"¿Perdiste la razón? No es buena idea. Tú no puedes jugar al baloncesto con zapatos con tacones altos. Tú necesitas crecer".* La pobre chica no tenía ni idea de cómo podía crecer. Estaba harta de hablar con LeBron porque él no sabía cómo ayudarla. Ella no había perdido la razón, sólo quería jugar al baloncesto. Salió de la casa de Lebron James y se fue a su casa.

Ella caminaba por la calle cuando vio a Yao Ming. Él era más alto que una jirafa. Medía 229 centímetros. Él corría por la calle. La muchacha lo persiguió. Yao corría rápidamente porque era muy alto. La chica quería ser tan alta como Yao. Lo persiguió durante diez kilómetros. Por fin, Yao regresó a la casa y la chica pudo conocerlo. Ella le dijo: "*Yao, soy Amanda. Como puedes ver, soy muy baja. Estoy harta de esta situación. Quiero jugar al baloncesto. ¿Cómo puedo crecer hasta que sea tan alta como tú?*". Yao le dijo: "*Tengo una buena idea. Tienes que dormir colgada con la cabeza para abajo cómo un* ***murciélago***[3] *durante un mes. Al final del mes vas a ser tan alta como yo*".

La chica estaba muy emocionada y volvió a su casa. Durmió colgada como un murciélago durante un mes. Ella creció hasta que fue tan alta como Yao. Era muy alta, pero se veía muy flaca. Ella se asustó y pensó: *"¿Por qué quiero ser tan alta como Yao Ming? ¡Qué tonta! Prefiero ser baja y normal en vez de alta y flaca".*

Ella salió de su casa y se fue al gimnasio para practicar baloncesto. Había allí un muchacho llamado Ross que era muy guapo pero muy bajo. Era tan guapo como Justin Timberlake pero era tan bajo como un chihuahua. El muchacho se enamoró de ella. Naturalmente a Ross no le interesaban las chicas altas, pero Amanda era diferente; era inteligente y bonita, así que la invitó al 'prom'. Desde ese momento Amanda dejó de dormir como un murciélago y en dos días volvió a ser baja. En el baile, Amanda y Ross fueron elegidos la pareja más guapa del baile. Hoy día, Amanda ya no está harta de ser baja. Vive muy contenta, y regaló todos los zapatos con tacones altos.

[1]basketball (Spain). Note: in Latin America *"el basquetból"* is more commonly used.

[2]If I had high-heeled shoes, I would be able to play basketball. **[3]bat**

√ Llena los espacios en blanco con una palabra apropiada.

1. Amanda quería comprar ____________________ con tacones altos.
2. Amanda estaba harta de ser tan ______________________.
3. Amanda quería crecer para jugar al ______________________.
4. ______________________ era tan alto como una jirafa.
5. Yao tuvo una idea de como la chica podía ______________________.
6. Amanda ___________________________ como un murciélago durante un mes.
7. Aunque Amanda se volvió muy alta, también parecía muy ____________________.
8. Ross era tan ______________ como un ______________________.

Preguntas personales

1. ¿Estás harto(a) de algún aspecto de tu vida?

2. ¿Eres muy alto o muy bajo? ¿Mediano? ¿Quieres cambiar tu aspecto? ¿Por qué o cómo?

3. ¿Es posible crecer de estatura? ¿Cómo?

4. ¿Conoces a alguna persona muy alta? ¿Muy baja?

Mini-lectura cultural: Los onas de tierra del fuego

En la Isla de Tierra del Fuego, muy al Sur del continente americano, vivía una tribu de indígenas llamados Onas. Esta comunidad estaba formada por pequeñas comunidades organizadas en familias, pero no había jefes ni **caciques**[1] sólo chamanes o médicos hechiceros a quienes temían y respetaban. También estaban los **sabios**[2] que interpretaban la mitología y eran consultados para tomar decisiones importantes y por último, los **guerreros**[3]. A los guerreros los respetaban por sus consejos basados en la experiencia y el conocimiento de la tradición.

Los Onas de la Isla de Tierra del Fuego, fabricaban **mantas**[4] y zapatos con pieles y en sus casas también había pieles de animales porque el frío es intenso en esa zona del continente. Pintaban su cuerpo con pinturas especiales de colores fuertes, especialmente rojo y negro aunque también usaban el blanco cuando realizaban rituales o para protegerse del frío. Para alimentarse cazaban diferentes animales, sobretodo guanacos. También comían peces que pescaban sin alejarse demasiado de la costa porque no usaban canoas ni remaban, ellos pescaban con **lanzas**[5]. No sembran plantas, sólo recogían algunos **hongos**[6] y frutas del lugar.

En cuanto a su cultura y como muchos indígenas de otras partes del mundo, usaban máscaras para **ocultar**[7] su identidad en ocasiones especiales y representaban a divinidades de su mitología. Este pueblo tenía un fuerte contacto con la naturaleza de donde extraían sus ropas, las pinturas para sus cuerpos y las máscaras hechas con madera de árboles. Las máscaras eran usadas para expresar los estados de ánimo y para las ceremonias que se realizaban con motivo de un nacimiento o una muerte, pero la leyenda cuenta que también usaban máscaras en el momento en que los adolescentes **varones**[8] se convertían en hombres y buscaban esposa. Entonces, si se volvían locos por una muchacha, usaban la máscara en la celebración del matrimonio para demostrarle a todos su alegría.

[1]chiefs **[2]wise men** **[3]warrior** **[4]blankets** **[5]spears** **[6]mushrooms**
[7]hide **[8]male**

El guardián ecológico

Alberto y María eran una pareja que vivía en Paradise, Michigan. Alberto siempre se preocupaba por los problemas ecológicos, reciclaba todo y dedicaba varias horas por día a recoger papeles y basura de la calle. Su esposa, María, lo ayudaba todos los días, aunque estaba harta de "salvar" al planeta. Un día, Alberto perdió su **billetera**[1] mientras levantaba unos papeles al **borde de la carretera**[2]. Se preocupó un poco, pero siguió limpiando porque no quería dejar su tarea incompleta. María, que estaba limpiando a unos pasos de Alberto, encontró la billetera y, como no sabía que era de su esposo, la levantó y se la guardó en el bolsillo.

Alberto siguió con su tarea de guardián ecológico y encontró un papelito: era un boleto de la lotería. Se lo guardó en el bolsillo, pero como el bolsillo estaba roto, lo perdió. La esposa miró para abajo y encontró el boleto de la lotería. Como no sabía que era el mismo boleto que su esposo había perdido se lo guardó en el bolsillo. Su bolsillo no estaba roto, así que ella no lo perdió. Al final del día, Alberto le dijo a María: *"Corazón, yo perdí mi billetera y también perdí un boleto de lotería que había encontrado en el piso."* La esposa le dijo: *"Mi cielo, ¡yo encontré la billetera y el boleto que tú perdiste!".*

[1]wallet   [2]the side of the highway

√ Escribe un final para esta historia. ¿Qué pasó con el boleto de la lotería? ¿Se arregló Alberto el bolsillo? ¿Siguieron limpiando las calles? ¿Encontraron otros objetos de valor?

Mini-cuento B

le pidió una cita	el refresco chorreó
la película era espantosa	por todas partes
sin embargo	no besaba en la primera cita

Un muchacho llamado Usher le pidió una cita a una muchacha guapísima llamada Hailee. Hailee pensaba que Usher era muy guapo, sin embargo, ella no besaba a muchachos en la primera cita. Ella sólo estrechaba la mano en la primera cita. Además, el padre de Hailee acompañaba a su hija a todas las citas. A Usher, no le gustaba nada la idea de ir a una cita con una chica acompañada por su padre. Nunca salía con chicas acompañadas por sus padres. Sin embargo, Hailee era guapísima así que aceptó la situación.

Fueron al cine y a pesar de que el padre de Hailee dijo que no veía películas espantosas, fueron a ver una película llamada "Dude, ¿Dónde está mi brazo?". Era, por supuesto, una película espantosa. Durante la película, Usher quería tomar la mano de Hailee. Entonces se le ocurrió una idea brillante, iba a comprar palomitas y al ofrecerlas a Hailee, tendría la oportunidad de tomarle la mano. Pero el plan fracasó: cuando le ofreció a Hailee el padre agarró las palomitas y dijo: *"Gracias, ¡tengo mucha hambre!"*. El padre de Hailee comió las palomitas y como después tuvo sed salió para comprar un refresco.

Usher sabía que Hailee no besaba en la primera cita. Sin embargo, él quería un beso. Empezó a acercarse un poco para besarla cuando de repente el padre de Hailee regresó con el refresco. Cuando vio a Usher, el padre de Hailee se enojó tanto que su refresco chorreó por todas partes. Usher salió del cine porque tenía la ropa mojada. Sin embargo, a pesar de todo lo que había pasado, llamó a Hailee al día siguiente y le pidió otra cita. Hailee aceptó pero le dijo que tampoco besaba en la segunda cita y que otra vez los acompañaría su padre.

Esta vez, fueron a un parque de diversiones llamado Cedar Point. Allí había muchas diversiones espantosas. Usher pensó que posiblemente podría tomarle la mano a Hailee mientras estaban en una montaña rusa. Habitualmente el padre de Hailee no se subía a las montañas rusas porque se sentía mal. Hailee y Usher se subieron a la montaña rusa más espantosa de todas. Se llamaba Millennium Force. Cuando por fin Usher iba a tomarle la mano, Hailee empezó a vomitar por todas partes. Entonces tuvieron que salir del parque y Usher acompañó a Hailee hasta su casa. Cuando llegaron, Usher se fue **enseguida**[1]; **se le habían ido las ganas**[2] de besar a Hailee.

Al día siguiente, Usher llamó otra vez a la casa de Hailee. El padre contestó el teléfono. Usher dijo: *"Por favor, señor, me gustaría pedirle una cita a su hija. Le prometo que no voy a besarla. Sólo quiero pasar un buen momento con ella"*. El padre le dijo: *"Bueno, eres un caballero. Puedes salir con mi hija"*.

Así que Usher invitó a Hailee a jugar al mini-golf. No era una diversión espantosa. Nadie vomitó, y ninguna persona chorreó su refresco. Se divirtieron muchísimo, y al final de la cita, Usher le dio un gran beso...en la mano.

[1]**right away, immediately** [2]**the urge had left him**

¿Quién es?

√ Indica en cada frase si se trata de Usher, del papá, o de Hailee.

1. ____________________ Nunca besa en la primera cita.

2. ____________________ Quiere besar tan pronto como sea posible.

3. ____________________ Su refresco chorrea porque ve algo espantoso.

4. ____________________ Por fin le permite a su hija salir sola.

5. ____________________ Pide tres citas.

6. ____________________ Normalmente no come palomitas.

7. ____________________ Se sube a la montaña rusa y se siente mal.

8. ____________________ Besa la mano de otra persona.

Mini-lectura cultural: El agua de panela

Todos sabemos que la cocina española y latinoamericana se caracteriza por la variedad de productos del mar y de la tierra. Si a esta variedad le agregamos el arte, el resultado es diversos sabores típicos.

La cocina colombiana tiene una variedad de sabores, colores, texturas y aromas muy característicos. Las bebidas, generalmente son fuertes. Una bebida muy famosa y usada en Colombia es el agua de panela. En varias regiones de Colombia se prepara el agua de panela con caña de azúcar morena. La caña de azúcar morena o negra, llamada chancaca en Perú y piloncillo en México se **derrite**[1] en agua caliente y se le agrega jugo de limón o naranja. La elaboración del agua de panela es artesanal y muy tradicional en las comidas de todas las clases sociales. Se bebe caliente en las regiones más frescas del país o fría y con mucho hielo en los lugares más calurosos y en verano. También se usa en los **biberones**[2], se mezclan partes iguales de leche y agua de panela.

Los chicos y adolescentes la toman a la hora de la **merienda**[3]. Cuando un chico le pide una cita a una chica, puede ser que la invite con un agua de panela antes de entrar al cine y, si el muchacho está nervioso y sus manos tiemblan porque es su primera cita, el refresco se puede chorrear entre sus manos. Esta bebida tan popular en Colombia contiene minerales y vitaminas esenciales para el organismo y ayuda a prevenir enfermedades. Los deportistas consumen agua de panela antes, durante y después de su actividad física porque les aporta nutrición e hidratación.

[1]**melt** [2]**baby bottles** [3]**snack**

√ Compara el agua de panela con una bebida popular en los Estado Unidos.

Mini-cuento B: Versión #2

La semana pasada, un muchacho me pidió una cita. Era un muchacho guapísimo, y yo realmente quería salir con él, pero tuve que pedirle permiso a mi papá. Fui a hablar con mi papá y él me dijo que yo podía ir, pero que él me iba a acompañar. No quería ir a una cita con mi papá, pero no había otro remedio.

Durante la película, el muchacho iba a tomar mi mano, pero mi padre nos interrumpió. ¡Qué vergüenza! Después, el muchacho me iba a besar cuando mi padre salió para comprar un refresco, pero cuando mi padre volvió, su refresco chorreó por todas partes.

El muchacho salió sin decir nada, porque tenía la ropa completamente mojada. Me enojé mucho con mi papá porque ¡yo quería un beso del muchacho!

Otro día, fuimos al parque de atracciones y nos subimos a la montaña rusa más alta y más rápida del parque. Yo vomité por todas partes. ¡Qué vergüenza! Quería un beso pero necesitaba cepillarme los dientes.

Gracias a Dios, me pidió otra cita. Fuimos a jugar al mini-golf. Yo jugué como una experta y por suerte no vomité. Después, el chico me besó la mano.

Mini-cuento B: Versión #3

√ **Escribe Mini-cuento B como si fueras Usher.**

Mini-cuento C

devolvió	**una entrada gratis**
salió del almacén	**se miró en el espejo**
tan maquillada como un payaso	**olvidó**

Una muchacha que se llamaba Samantha quería impresionar a un muchacho muy guapo que se llamaba Emilio. Cuando se miró en el espejo, no estaba contenta. Samantha le pidió ayuda a una muchacha de su clase de español que se llamaba Kaleigh. Kaleigh le dijo: *"Samantha, tú necesitas ponerte maquillaje, perfume, y ropa muy elegante para impresionar a Emilio. Vete a ver a mi tía Eunice. Ella trabaja en el almacén al mostrador del maquillaje Clinica".*

Samantha fue al almacén para comprar maquillaje nuevo. Se acercó al mostrador de maquillaje Clinica y vio a una mujer. La mujer que trabajaba en el almacén era la tía de Kaleigh. La tía Eunice era muy vieja y estaba tan maquillada como un payaso. Tenía los labios de color magenta, y los ojos estaban maquillados de color azul. A Samantha no le gustaba el maquillaje de Eunice. ¡Samantha tenía un poquito de miedo de ella! Eunice miró a Samantha a la cara y le dijo en forma **burlona**[1]: *"Tu cara no se ve bien. Se ve muy mal. Necesitas mucho más maquillaje".* Samantha no quería más maquillaje, o por lo menos no quería tanto maquillaje como tenía Eunice, pero tenía miedo de Eunice así que se sentó en la silla.

Eunice le puso maquillaje durante cincuenta y tres minutos. Por fin, Eunice le dijo: *"¡Estás perfecta!"*, y le mostró la cara en el espejo. Samantha gritó con horror, pero de todas maneras, como tenía miedo de Eunice, compró todo el maquillaje. Samantha salió del almacén y fue a otro almacén para comprar ropa. Las dependientes se burlaron de ella y no la dejaron entrar. ¡Pobre Samantha! Caminó por la calle y miró la ropa en las ventanas de las tiendas. Samantha quería devolver ese horrible maquillaje pero no quería regresar al almacén ni quería ver a Eunice de nuevo.

En la calle había un payaso. El payaso no se burló de ella. El payaso le dio una entrada gratis al circo. Samantha le dio gracias al payaso tan generoso, y se fue al circo. En el circo, nadie se burló de ella. Se rieron de ella, pero no se burlaron. ¡Se rieron porque pensaron que era un payaso verdadero! Al ver la reacción del público, los otros payasos la invitaron a salir con ellos en el show. Samantha se olvidó de sus problemas y salió con los payasos. Ella se burló de los otros payasos y el público se rió mucho. Ella bailó como una loca. Ella lo estaba pasando muy bien cuando de repente ¡vio a Emilio! Emilio se reía como todos. Cuando vio a Emilio, ella se olvidó del show y salió rápidamente porque tenía vergüenza. Se puso muy colorada, pero como estaba tan maquillada nadie se dio cuenta. Emilio la persiguió: *"¡Samantha!"*, dijo Emilio. *"Tú eres el payaso más bonito que he visto en mi vida".*

Gracias a esas palabras Samantha se olvidó de los payasos y del maquillaje. Salió con Emilio y nunca devolvió el maquillaje al almacén.

[1]**mocking**

√ Elige la respuesta más apropiada para cada oración.

1. Samantha quería impresionar a:
   a.) la tía de Kaleigh　　b.) unos muchachos
   c.) su profe de español　　d.) Emilio

2. La tía de Eunice estaba tan maquillada como:
   a.) una modelo　　b.) un payaso
   b.) una viejita　　d.) Kaleigh

3. La tía de Kaleigh era:
   a.) muy simpática　　b.) bonita
   c.) vieja　　d.) experta en maquillaje

4. Samantha no devolvió el maquillaje porque:
   a.) no quería que Eunice se sintiera mal　　b.) tenía vergüenza
   c.) era maquillaje de muy bueno calidad　　d.) tenía miedo de Eunice

5. En el circo, nadie se burló de Samantha porque:
   a.) todos pensaron que era un payaso verdadero
   b.) bailó el tango como una profesional
   c.) su novio (grande y fuerte) estaba allí
   d.) su padre era boxeador profesional

Mini-cuento C: Versión #2

√ **Llena los espacios en blanco para contar Versión #2 del Mini-cuento C.**

vinieron	**parecía**	**devolvieron**	
miraban	**se rió**	**payaso**	
fueron	**se murieron**	**puso**	**estaban**

Mis amigas tenían ganas de comprar maquillaje nuevo. (1)____________ a Saks Fifth Avenue™ y miraron el maquillaje. Mientras ellas lo (2)____________, una dependiente de Saks les preguntó: *"¿Quisieran Uds. probar nuestro maquillaje?"*. La dependiente les (3)____________ el maquillaje. Primero a una, después a la otra y siete horas más tarde, a la última. Las chicas (4)_____________ tan maquilladas como un payaso. ¡Llevaban **más** maquillaje que un (5)______________! Compraron el maquillaje porque la dependiente, quien les (6)_______________ muy sincera, les dijo que así estaban muy hermosas. Sin embargo, toda la gente en la calle (7)_____ _______________ de ellas. Se burlaron de ellas, diciendo que (8)______________ de un circo. Así que las chicas (9)_____ ____________ de vergüenza y (10)________________ el maquillaje a la tienda.

√ **Indica si las siguientes oraciones son Verdaderas o Falsas.**

1. _____ Las chicas tenían ganas de comprar partes para el coche.
2. _____ Fueron a Saks Fifth Avenue™.
3. _____ La dependiente les puso el maquillaje durante una hora.
4. _____ La gente de la calle parecía muy sincera.
5. _____ La dependiente era buena vendedora.* *salesperson
6. _____ Las chicas venían del circo.
7. _____ Todavía llevan más maquillaje que un payaso.
8. _____ Tú estás tan maquillado(a) como un payaso en este momento.

Mini-lectura cultural: ¿Vamos al mall?

El centro comercial Sambil en Caracas, Venezuela, ofrece a los visitantes una gran variedad de tiendas y entretenimientos. Seguramente los visitantes pasarán unas cuantas horas con divertidas opciones como restaurantes, cines, terrazas al aire libre donde se puede disfrutar de música en vivo y bastantes bares para descansar un rato, después de pasear por los cinco **niveles**[1] de este espectacular centro comercial.

El centro Sambil es el más grande de Sudamérica y aunque el de la ciudad de Caracas es el de mayor **tamaño**[2], hay otros centros comerciales de igual nombre en Maracaibo, Margarita, Valencia, Barquisimeto y San Cristóbal. Todos tienen selectos **almacenes**[3] de ropa y feria de comidas donde se pueden ordenar variados platos. El mall de Caracas tiene también un acuario visitado a diario por grandes y chicos, allí se observa bien de cerca la fauna marina. Muchos peces de colores señalan lo maravilloso que es el mar y cómo cuidarlo cada día más.

Los fines de semana casi no hay lugar en el extenso **estacionamiento**[4] porque es la salida preferida de los jóvenes o de los visitantes que quieren ir a ver una película. Muchos chicos tienen entradas gratis para los cines por haber comprado ropa o libros en los almacenes del centro comercial. Las mamás de los chicos, mientras éstos están en el cine, **aprovechan**[5] esas horas y ellas van al centro de belleza, donde disfrutan de un masaje relajante o de clases de maquillaje. Allí les enseñan a maquillarse para ir a una fiesta o para ir a trabajar y por supuesto, salen del centro de belleza muy contentas de no estar tan maquilladas como un payaso pero con la piel radiante y luminosa. Luego de mirarse al espejo casi no se reconocen y muchas mamás hasta olvidan que sus hijos estaban en el cine.

[1]levels **[2]size** **[3]department stores** **[4]parking** **[5]take advantage of**

√ Contesta las siguientes preguntas.

1. ¿Qué tipos de tiendas hay en el centro comercial Sambil? ¿Qué tipos de tiendas hay en el centro comercial en tu ciudad?

2. Compara el centro comercial Sambil con tu centro comercial perferido. Escribe tres semejanzas y tres diferencias entre los dos.

3. ¿Te acompaña tu madre al centro comercial? ¿Con quién vas al centro comercial? ¿Qué hacen allí? ¿Para qué van? ¿A qué negocios van?

Mini-cuento D

se vistió
empujó
se arregló
el teléfono celular sonó
no aguantaba
se enamoró a primera vista

Julio, un hombre muy amable de treinta y dos años, consiguió una cita con una mujer muy especial. Ella se llamaba Sara, tenía veintidós años, y a Julio le parecía la mujer más bella del mundo. Se enamoró de ella a primera vista. Él esperaba la cita con mucha ansiedad. Por fin, el día de la cita llegó y él se vistió lo más pronto posible. Se puso su camisa preferida y se arregló durante veinte minutos. Llegó a la cita una hora antes de la hora indicada. Sara no estaba lista. La mamá de Sara (ella vivía con su mamá y papá) le dijo que ella se estaba arreglando en el baño. Julio la esperó durante cuatro horas y media. Por fin, no aguantó más y le preguntó a la mamá de Sara: *"¿Dónde está su hija, señora? ¡Yo me arreglé en veinte minutos! ¡Mujeres!"*. La mamá de Sara se puso furiosa y empujó a Julio hacia la puerta. Ella le gritó: *"¡Ni pienses que vas a salir con mi hija con esta actitud! ¡FUERA!"*.

Julio manejaba hacia su casa cuando su teléfono sonó. Era su amigo, Lalo. Lalo era un experto con las mujeres. Julio le explicó la situación a Lalo. Lalo lo escuchó atentamente y respondió: *"Mira, Julio, las mujeres se arreglan durante muchas horas. Es normal. Tú no debes decir nada. Tú debes esperar en silencio mientras la mujer se arregla"*.

Julio no aguantaba estar solo. Quería una cita con una mujer guapa. Lalo tenía una hermana que se llamaba Lola. Lola y Lalo eran gemelos, tenían treinta años y también vivían con sus padres. Lalo le dijo a Julio que Lola sólo se arreglaba durante dos horas y media normalmente. Julio le pidió una cita con Lola porque ella sólo se arreglaba durante dos horas y media. Julio le dijo que iba a llegar a su casa a las tres, pero realmente iba a llegar a la casa a las cinco. Así que no iba a tener que esperar tanto tiempo. ¡Qué buen plan! ¡Qué hombre más listo! Pero...había un problema. Cuando Julio llegó a la casa, Lola estaba esperando muy enojada. Ella gritó: *"¡Te esperé durante dos horas!"*. Ella no aguantaba la situación y ya no quería salir con Julio. Lalo también estaba enojado porque su hermana estaba enojada. Al final Lola y Lalo empujaron a Julio hacia la puerta.

¡Pobre Julio! se sentó en medio de la calle y lloraba con la cara escondida entre las manos. Lloraba tanto que no escuchó cuando se le acercó un carro policial. Una mujer policía llamada Ashley salió de carro. Ella era aun más guapa que Sara y Lola. Ella vio a Julio y se enamoró a primera vista. Ella le pidió una cita. Tenía un boleto extra para la película Academia de Policía Cincuenta. A Julio le encantaban las películas policíales así que le dijo: *"De acuerdo. ¿Te recojo a las ocho?"*.

Julio se fue para su casa y se arregló durante una hora y trece minutos. Se vistió primero de rojo, pero luego pensó que las policías prefieren el color azul. Así que se vistió de nuevo con ropa azul. Cuando terminó de cambiarse sonó el teléfono celular. Era Sara. Ella quería pedirle perdón. Julio no aguantaba la voz de Sara y le gritó: *"¡No me llames más!"*. El teléfono sonó otra vez. Era Lola. Ella quería pedirle perdón también. Julio no aguantaba las tonterías de esas otras mujeres. Iba a salir con la mujer de sus sueños.

Julio llegó a la casa de Ashley. Ashley tenía treinta y un años, y vivía con su mamá. Julio se acercó a la puerta....

√ Escribe un final para el cuento.

____

____

____

____

____

____

____

____

____

____

√ Ordena cronológicamente los eventos del Mini-cuento D..

______ a.) Sara llamó a Julio por teléfono.

______ b.) Lola se vistió y esperó a Julio.

______ c.) La mamá de Sara se enojó.

______ d.) Julio se vistió con ropa azul.

______ e.) Julio lloró en la calle.

______ f.) Julio llegó a la casa de Sara.

______ g.) Julio llegó a la casa de Lola.

______ h.) Julio conoció a una mujer policía.

______ i.) El amigo de Julio le dio consejos.

Mini-cuento D: Versión #2

Julio, un chico muy amable, consiguió una cita con una chica muy especial. Ella se llamaba Sara, y a él le parecía la chica más bella del mundo. El esperaba la cita con mucha ansiedad. Por fin, el día de la cita llegó y él se vistió lo más pronto posible. Se puso un traje de esmoquin* y se arregló durante dos horas. Fue a su coche, pero el coche estaba roto. No había más remedio que empujarlo. Entonces, lo empujó hacia la casa de la chica. Empujó durante cuarenta y cinco minutos y por fin llegó a la casa. Mientras estaba en frente de la casa, el teléfono celular sonó. Era Sara. Ella le dijo que no tenía ganas de salir esa noche. ¡Pobre Julio!

***tuxedo**

√ Contesta las siguientes preguntas acerca de la versión nueva.

1. ¿Qué le parecía la chica a Julio?

2. ¿Cómo se vistió Julio?

3. Piénsalo. ¿Por qué no quiso salir Sara con Julio?

4. ¿Qué debía hacer Julio?

5. Si esto te pasara a ti, ¿qué harías? (If this happened to you, what would you do?)

√ **Escribe una conclusión para la Versión #2 del Mini-cuento D.**

____

____

____

____

____

____

____

____

____

____

____

____

____

Mini-lectura cultural: Volar del nido

(Fly from the Nest)

"Volar del nido", "no hay como tener la casa propia", "hacer rancho aparte", son frases que se han usado a lo largo de los años. Sin embargo, estas frases han perdido interés y seducción en Latinoamérica donde la incertidumbre económica y la comodidad del hogar hacen que los jóvenes se nieguen cada día más a dejar la casa de sus padres.

Estos jóvenes, que necesitan su espacio, generalmente se arreglan con el cuarto que tienen en la casa. Los cuartos no son muy grandes pero es mejor que vivir solo sin la comodidad de la casa paterna. Ni aún enamorados dejan la casa. Simplemente comienzan **noviazgos**[1] largos pero ni piensan en vivir con su pareja y mucho menos en casarse y tener hijos. Muchas veces los padres no entienden esta situación y les dicen a sus hijos: *"Yo a tu edad ya estaba casado y tenía hijos"*. Este tipo de fenómeno es motivo de estudio por parte de sociólogos y psicólogos. En España se lo llama "síndrome de Peter Pan".

Los padres españoles tienen problemas mucho más importantes que los pañales, se asustan porque piensan que sus hijos se quedarán para siempre y los empujan a tener su propio hogar. Otros papás se ponen felices de tenerlos bien cerca aunque muchas veces se pregunten ¿Cuándo se va?

[1]**engagements, courtships**

El gran baile

Draw your sequel illustration here.

El gran baile

Inés y Lidia esperaban el gran baile con mucha ansiedad. Por fin la noche del baile llegó. Inés se vistió rápidamente. Se arregló y dejó todo el maquillaje y la ropa **desparramados**[1] por todo el baño. Ella era terriblemente desordenada pero no le importaba nada porque ella nunca tenía que limpiar la casa. Normalmente era todo el trabajo de Lidia, su hermanastra. Lidia también se vistió rápidamente, pero arregló sus cosas antes de salir. Lidia no aguantaba lo desordenada que era su hermanastra. Pero esta noche, ella no quería pensar en su hermanastra, ni en su vida triste. Sólo quería pensar en la noche fantástica que la esperaba.

Las dos se fueron al baile lo más rápido posible. Llegaron temprano. El baile estaba por empezar. Había muchos adornos...globos, flores y lucecitas; y las muchachas llevaban puestos unos vestidos tan elegantes como Lidia **jamás había visto**.[2] Enseguida empezó a sonar la música.

Entre los invitados había un muchacho muy guapo que se llamaba Francisco. Parecía muy simpático. De pronto él miró a Lidia y le preguntó si quería bailar. Pero Inés empujó a Lidia y le dijo a Francisco: *"¡Olvídate de ella! ¿Quieres bailar conmigo?"*. Mientras ellos bailaban, la pobre Lidia estaba sentada sola en una mesa en el rincón. Tenía ganas de llorar pero no quería arruinar su maquillaje. Estaba harta de su hermanastra y de sus tonterías. Imaginaba que iba a tener que limpiar la casa de su madrastra durante el resto de su pobre vida.

Durante el baile, el teléfono celular de Inés sonó. Inés dijo:

- *"¡Hola, mamá! ¿El baño está desordenado? No, ¡no fui yo!".*

Entonces, le pasó el teléfono a Lidia. La madrastra de Lidia le dijo:

- *"Lidia, tu ropa y maquillaje están por todas partes. ¡Vuelve a casa lo más pronto posible para limpiar el baño!".*

Lidia le quiso explicar que eran la ropa y el maquillaje de Inés, no de ella, pero su madrastra no la quería escuchar.

Lidia se puso muy triste y salió rápidamente del baile. La situación en su casa era horrible y Lidia no aguantaba más. Estaba tan mal que al salir del baile perdió un zapato, pero como no quería hacer esperar a su madrastra lo dejó tirado en el piso. Entonces Francisco se dio cuenta de la situación, recogió el zapato, y salió a perseguir a Lidia dejando sola a Inés en medio de la pista de baile. Inés se quedó muy enojada porque Francisco se **había ido**[3] detrás de Lidia.

Por fin, Lidia llegó a casa y limpió el desastre de Inés. Mientras Lidia hacía de Cenicienta, Francisco llegó a la casa, le devolvió el zapato a Lidia y le pidió una cita. Entonces Lidia se puso muy contenta. Inés...

[1]scattered, spread out [2]she had ever seen [3]had gone (after)

Capítulo seis

√ Escribe un final para el cuento. Ilustra tu conclusión en el cuadro en la página 136.

____

____

____

____

____

____

____

____

____

____

____

____

____

____

√ Llena los espacios en blanco con una palabra o frase apropiada.

1. Lidia no aguantaba lo ________________ que era su hermanastra.

2. Las muchachas en el baile llevaban puestos unos vestidos tan elegantes como el que Lidia ______________________________.

3. Inés empujó a Lidia y le dijo a Francisco: "¡Olvídate de ella! ¿Quieres ________________________?".

4. Lidia tenía ganas de llorar pero no quería ______________________________.

5. Inés le dijo a su madre: *"¿El baño está desordenado? ¡________________________!"*.

6. Al salir del baile, Lidia perdió un zapato, pero lo ____________________en el piso.

7. Francisco ____________________ a Inés en el medio de la pista de baile.

8. Francisco le devolvió el zapato a Lidia y le ______________________________.

√ Corrige las siguientes oraciones falsas.

1. Inés se arregló y organizó todo el maquillaje y la ropa antes de salir para el baile.

2. Lidia no aguantaba lo súper-ordenada que era su hermanastra.

3. Francisco parecía muy rico.

4. Mientras Inés y Francisco bailaban, Lidia bailaba en el rincón con otro muchacho.

5. Lidia estaba tan mal que al salir del baile perdió su vestido y no se dio cuenta de que lo dejó en el piso.

6. Francisco se dio cuenta de la situación, pero siguió bailando con Inés.

¿Qué harías?

(What would you do?)

√ Lee las siguientes situaciones y decide qué harías tú.

1. Un(a) chico(a) guapo(a) te invita a bailar, pero tu amigo(a) te empuja y no te deja bailar con él/ella. ¿Qué harías?

2. Tu hermano(a) deja la casa desordenada y tu madre/madrastra insiste en que tú vuelvas a casa inmediatemente para arreglarla. ¿Qué harías?

3. Un(a) chico(a) te deja en medio de la pista de baile para perseguir a otro(a) muchacho(a). ¿Qué harías?

4. Al salir de la escuela, pierdes un calcetín muy sucio y un(a) chico(a) guapísimo(a) lo encuentra y lo lleva a tu casa para devolvértelo. ¿Qué harías?

5. Al salir de la escuela, un(a) chico(a) guapísimo(a) pierde un calcetín muy sucio y tú lo encuentras. ¿Qué harías?

¿Quién lo diría?

(Who would say it?)

√ Lee las siguientes citaciones y decide quién lo diría.

1. "Mi madre me prefiere a mí. Soy la preferida".
2. "Mi padre estaba completamente loco cuando se casó con esta mujer desagradable".
3. "Lo que yo pido, me regala".
4. "¡No quiero pedirle nada a mi madrastra!".
5. "Realmente no quería bailar con Inés".
6. "Tengo miedo de mis esposa porque es muy antipática".
7. "No aguanto lo desordenada que es mi hermanastra".
8. "Cuando llegué a la casa, vi a dos mujeres: Una que parecía una flor bonita y ¡otra que parecía una bruja horrible!".

El diario de Lidia

√ Imagina que eres Lidia y escribe una anotación en tu diario.

Lectura cultural:
La Noche Vieja

Hola, me llamo Sonia Álvarez Barquín. Vivo en Madrid y tengo diecisiete años. Mis amigos, mis familiares y yo siempre vamos a la Puerta del Sol para celebrar la Noche Vieja, el 31 de diciembre. Durante muchos años, los españoles han tenido una tradición especial para cele-brar el 31 de diciembre.

Todos van a la Puerta del Sol. Hay muchos madrileños y también un montón de turistas. La Puerta del Sol se considera el centro de España. Todas las calles comienzan en la Puerta del Sol. Allí también hay una estatua famosa de un oso y un árbol que es el símbolo de Madrid. En la Puerta del Sol hay un reloj grande.

Es tradicional escuchar las campanadas del reloj durante la celebración de la Noche Vieja. Cuando es medianoche, cada vez que el reloj da una campanada, cada persona se mete una uva en la boca y se la come. Cuando el reloj da doce campanadas, la gente se tiene que haber comido doce uvas. Hay que comer las uvas al ritmo de las campanadas, de manera que para cuando ya es primero de enero no quede ni una. Es gracioso porque apenas hay tiempo para comérselas.

Esta tradición comenzó en España porque un año en que había muchas uvas, el rey de España decidió dar uvas a todos para comer en la Noche Vieja. Da buena suerte comerse las doce uvas.

¿Qué aprendiste?

1. ¿Adónde va la gente para celebrar la Noche Vieja? Describe el sitio.

2. ¿Qué es un madrileño?

3. ¿Qué espera la gente para empezar la celebración?

4. ¿Por qué se ríen los amigos?

5. ¿Cómo empezó esta tradición?

6. ¿Por qué comen 12 uvas?

Lectura cultural: La Llorona

Hay una muchacha muy guapa, pero muy pobre. Se llama María. Ella sabe que es guapa. Muchos muchachos la admiran, pero ella no mira a los muchachos pobres de su villa. Ella necesita a un hombre rico y muy guapo. Un día, un hombre muy rico y guapo llega a caballo a la villa de María. No monta caballos normales, él solamente monta caballos que corren rápidamente. Le gustan los caballos locos.

Una noche el hombre va a la casa de María y toca la guitarra para ella. María no lo escucha. Él le da muchos regalos, pero María no los acepta. Ahora, el hombre realmente necesita a María. Le dice: *"Quiero ser tu esposo"*. María por fin le dice: *"Sí"*.

Durante dos años, todo está bien. María tiene dos bebés y es muy feliz. Pero su esposo monta a caballo todo el tiempo y casi no se queda en casa. El hombre visita a los niños pero nunca mira a María. María no le importa ahora. Sólo le importan los niños y los caballos. María está muy triste. Un día, María camina por la calle con los niños. ¡Ve a su esposo con otra muchacha! Ahora, María está muy enojada.

Ella se vuelve loca y empuja a los niños al río. Cuando ve a los niños en el río, ella grita: *"¡Ay no! ¡Mis hijos!"*, pero ellos desaparecen rápidamente en el agua. Ella corre y corre pero no ve a los niños. Al día siguiente, las personas de la villa encuentran el cuerpo de María. Está muerta. Ahora, en las noches muy negras, la gente dice que escuchan a la pobre María, llorando y gritando: *"¿Dónde están mis niños?"* y su espíritu camina toda la noche.

Cuidado, niños, no vayan cerca del río, o ¡La Llorona los agarrará!...

√ Escribe nuevamente la lectura cultural, utilizando tiempo pasado y tus propias palabras.

____

____

____

____

____

____

____

____

____

____

Capítulo siete: ¿La Criada o la malcriada?

Mini-cuento A

un taller de reparaciones

guardaba/guardó en una jarra

golpeaba/golpeó

apenas trabajaba

¡Qué desgracia!

espero que no cueste mucho

Mini-cuento B

la tierra

sembró una planta

regaba/regó

quiere que crezca

creía/creyó

echaba/echó

Mini-cuento C

una mosca

aterrizó

se metió en un lío

la escoba

barría el piso

una criada

Mini-cuento D

la sala de estar

la telenovela

pertenecía

iba a cumplir los quince años

dejó caer

nunca supo

Mini-cuento A

un taller de reparaciones	**golpea/golpeaba/golpeó**
apenas trabajaba	**¡Qué desgracia!**
guardó en una jarra	**espero que no cueste mucho**

Un hombre llamado Moncho trabajaba en un taller de reparaciones de coches en Costa Rica. Moncho recibía 38 coches por día y en lugar de repararlos y después de golpearlos los autos quedaban horribles. Los dueños de los autos llevaban sus autos al taller de reparaciones de coches y le decían a Moncho: *"Espero que no cueste mucho arreglar mi auto"*. Después, veían a Moncho golpear sus autos y, enojados, golpeaban a Moncho. Tanto lo golpeaban que Moncho ya no tenía dientes. ¡Qué desgracia!

Un día, Moncho fue a un dentista barato para hacerse una dentadura postiza. Le dijo: *"Espero que no cueste mucho"*. El dentista le hizo una **dentadura**[1] postiza barata y Moncho se fue al taller contento. En el taller, la dentadura le molestó y Moncho la guardó en una jarra. Al día siguiente, Apenas trabajó con la dentadura puesta porque le molestaba mucho ¡Qué desgracia! Desde ese día, Moncho llegaba al taller de reparaciones de coches temprano a la mañana, se ponía el uniforme y apenas trabajaba 5 minutos. Golpeaba un coche y, después, se quitaba la dentadura, la guardaba en la jarra y continuaba trabajando en el taller de reparaciones toda la mañana. Antes de almorzar, Moncho se lavaba las manos, iba a buscar la dentadura a la jarra donde la guardaba y se ponía la dentadura nuevamente. Volvía de almorzar y apenas trabajaba 6 minutos cuando la dentadura le molestaba nuevamente. ¡Qué desgracia! Entonces, nuevamente se sacaba la dentadura y la guardaba en la jarra mientras trabajaba.

Moncho estaba cansado de su dentadura postiza y fue a ver a un dentista muy caro. Le pidió otra dentadura postiza, y le dijo: *"Espero que no cueste mucho"*. El dentista le hizo una dentadura carísima, pero de todos modos la dentadura le molestaba. Moncho fue a varios dentistas. Apenas trabajaba en su taller de reparaciones porque iba a muchos dentistas. Moncho les decía: *"Espero que no cueste mucho"*, pero todos le hacían dentaduras muy caras. ¡Qué desgracia! Moncho guardaba las dentaduras postizas en la jarra.

Un día, un muchacho que se llamaba Mauricio, entró en el taller de reparaciones y vio todas las dentaduras en la jarra. Mauricio no tenía dientes y, por eso, le preguntó a Moncho si vendía dentaduras. También le dijo: *"Espero que no cuesten mucho"*. Moncho le dijo que las dentaduras que guardaba en la jarra eran muy finas y le pidió mucho dinero. Mauricio se probó una dentadura y le gustó. Como le parecieron tan buenas, decidió comprar todas las dentaduras porque nadie en su familia tenía dientes. ¡Qué desgracia! Moncho, que apenas trabajaba en el taller de reparaciones, decidió no golpear más coches y vendió el taller. Guardó la plata en una jarra y se fue de vacaciones al Playa del Carmen.

[1]**dentures**

√ ¿Es cierto? Decide cuáles de las oraciones a continuación son ciertas. Explica por qué.

1. A Moncho le sacaron los dientes a golpes.

2. Las dentaduras postizas son incómodas.

3. La jarra donde Moncho guardaba las dentaduras era chica.

4. Mauricio compró todas las dentaduras para él.

5. La boca de Moncho era parecida a la de Mauricio.

Repaso de Mini-cuento A: Un email

√ Lee el siguiente email y decide cuál información es verdadera y cuál no. Después, escribe una respuesta de la consejera.

Estimada Consejera:
Le escribo mi historia desde la playa donde estoy descansando. Estoy estresado y no tengo dinero. Hace algún tiempo trabajaba en un taller de reparaciones, pero los clientes no querían pagarme y me golpeaban mucho. Por recibir tantos golpes, yo no tenía dientes y usaba una dentadura postiza. En realidad, la dentadura me molestaba mucho y en lugar de usarla, la guardaba en una jarra. Fui a muchos dentistas y me hicieron muchas dentaduras, pero todas eran incómodas y por eso no las usaba. Un día, vi a un hombre que no tenía dientes y le regalé todas las dentaduras. Después, vine a la playa porque extraño reparar autos. Necesito saber: 1.) ¿Dónde me puedo hacer una dentadura barata y cómoda? 2.) ¿En qué trabajo puedo hacer mucho dinero sin recibir golpes?

____

____

____

____

____

____

____

____

____

A conversar...

1. ¿Conoces a alguien con la dentadura postiza? ¿Tiene vergüenza esta persona? ¿Alguna vez se olvidó de ponérsela?
2. Hay dos épocas en las que uno no tiene dientes. ¿Cuáles?
3. ¿Se puede comer sin dientes? Si es así, ¿cómo/qué?
4. ¿Conoces a alguien al que se le salió un diente cuando se golpeó? ¿Cómo pasó?

Minilectura cultural: La leyenda del Volcán Irazú-Costa Rica

Costa Rica está situada en lo que se conoce con el nombre de "Cinturón de Fuego del Pacífico", una región que reúne a la mayoría de los volcanes del mundo. Visitantes de todo el mundo visitan más de 100 volcanes que hay en el área, muchos de los cuales están activos. El área es de gran atracción, sobre todo porque los volcanes están cubiertos de bosques. Para llegar hasta estas zonas de exuberante vegetación se recomienda hacerlo en **camioneta**[1] o jeep. Un coche se arruinaría y uno tendría que llevarlo al taller de reparaciones ya que hay rocas por todos lados.

Uno de los volcanes más apreciados y visitados es el Volcán Irazú que, juntos a otros volcanes, ha estado activo hasta hace poco tiempo. Cuenta una leyenda que una noche de luna llena, una pareja de enamorados conversaba romanticamente y se prometían amor eterno. Mientras estaban allí sentados, se escuchaba el ruido de un **tambor**[2]. Mientras la tribu tocaba el tambor, los hombres del tribu le contaron al **cacique**[3], padre de la muchacha, que su hermosa hija estaba con su novio, que pertenecía a otra tribu y que juntos planeaban escaparse. ¡Qué desgracia!

El cacique se enojó y se puso de pie y la tribu dejó de tocar el tambor. El cacique, entonces, le pidió al Dios Sol que castigara a la pareja. El Dios Sol tomó a la muchacha y la transformó en una nube. Su novio se quedó allí sin saber qué hacer. Se murió al poco tiempo de soledad, prometiendo llegar alguna vez cerca de su amada. Fue **enterrado**[4] allí mismo, pero esa misma noche, en el lugar donde estaba la tumba, la tierra empezó a crecer tan alto como una montaña hasta convertirse en el Volcán Irazú.

Se dice que en las frías mañanas, una nube blanca, vaporosa y femenina **envuelve**[5] al volcán, y los dos disfrutan eternamente su amor que ni el cacique ni el Dios Sol lograron romper.

[1]light truck (pick-up truck) **[2]drum** **[3]chief** **[4]buried** **[5]wraps**

√ Contesta las siguientes preguntas sobre la lectura.

1. Muchas personas opinan que el área es fascinante y peligrosa. ¿Por qué?

2. La leyenda del Volcán es a la vez triste y romántica. ¿Por qué?

3. Los dos disfrutan eternamente de su amor. ¿Quiénes son?

√ Da tu opinión.

1. ¿Te gustaría visitar esta área?

2. ¿Conoces alguna leyenda o cuento en el que alguien se muere de amor?

Mini-cuento B

la tierra	sembró una planta	creyó/creía
regaba/regó	quiere que crezca	echaba/echó

Pancho Carrancho era un muchacho de poca inteligencia. Un día sembró un zapato en la tierra porque necesitaba zapatos nuevos. Todos los días, Pancho regaba la tierra y le echaba **pomada negra**[1] porque creía que iba a crecer zapatos. Todos los días, regaba la tierra con mucha agua, le echaba pomada negra y decía: *"Quiero que crezcan zapatos negros".* Cuando su padre le preguntó por qué regaba la tierra con mucha agua y después le echaba pomada negra, Pancho le respondió: *"Sembré un zapato en la tierra. Lo riego con mucha agua y le echo pomada negra porque quiero que crezcan zapatos negros".* El padre le explicó que si sembraba zapatos en la tierra no iban a crecer zapatos. Pancho Carrancho creía que su papá era el hombre más inteligente de la Tierra y, por eso, no regó más el zapato.

Pancho Carrancho decidió sembrar frijoles en la tierra porque le gustaban los frijoles. Compró un frijol, fertilizante de tierra para frijoles, agua para frijoles y sembró un frijol en la tierra. Todos las mañanas, regaba la planta, a la tarde le echaba fertilizante para frijoles y a la noche la regaba otro poco y le echaba más fertilizante porque quería tener frijoles muy grandes. Creía que si regaba mucho la planta y le echaba mucho fertilizante, la planta de frijoles iba a crecer hasta el cielo. Cuando su madre le preguntó por qué regaba tanto la tierra y por qué echaba tanto fertilizante, Pancho le respondió: *"Sembré un frijol en la tierra. Lo riego con agua a la mañana y le echo fertilizante a la tarde. Y, a la noche, lo riego otro poco porque quiero que crezcan frijoles muy grande. Además, quiero que crezca una planta tan alta como las nubes".* La madre le explicó que si regaba los frijoles y les echaba fertilizante, la planta iba a crecer mucho, pero no hasta las nubes. También le contó que creía que para tener frijoles grandes y ricos, era necesario hablarle a la planta.

Pancho Carrancho creía que su mamá era muy inteligente; por eso, desde ese día, Pancho Carrancho le hablaba a la planta todo el día. A la mañana, le hablaba cuando la regaba. A la tarde, le hablaba cuando le echaba fertilizante. Y, a la noche, le hablaba cuando la regaba y cuando le echaba el fertilizante. Pancho le decía: *"Quiero que crezcas porque quiero muchos frijoles. Quiero que crezcas muy alto porque quiero la planta más alta de la Tierra".* Mientras hablaba, Pancho observaba la planta.

Un día Pancho miró la planta y vio que había algodón. Entonces se dio cuenta de que no era una planta de frijoles. Pancho se puso triste porque realmente creía que iba a comer los frijoles más ricos de la tierra. Sacó el algodón de la planta y fue caminando a casa con él. En su casa, se lo dio a su mamá y le dijo: *"No sembraré* más, ni echaré* más fertilizante, ni regaré* más".* Realmente, Pancho estaba muy triste.

A la noche, sin decir palabra, su mamá le hizo un cardigan de algodón con el algodón de la planta. A la mañana, Pancho vio el cardigan y era el más hermoso de la tierra. Se lo puso y vio que tenía un gran frijol dibujado. Contento, le dio un beso a su mamá.

[1]black shoe polish ***furture tense, first person: I will (not) + verb**

¿Tienen lógica?

√ Algunas partes de la historia tienen lógica y otras no. Decide cuáles de las partes a continuación no tienen lógica y cámbialas para crear una historia posible.

1. Pancho quería tener zapatos negros y, por eso, plantó un zapato negro.

2. Le echaba pomada negra porque creía que iba a crecer.

3. Pancho creía que si regaba mucho la planta y le echaba mucho fertilizante, la planta de frijoles iba a crecer hasta el cielo.

4. La madre de Pancho creía que para tener frijoles grandes y ricos, era necesario hablarle a la planta.

5. Pancho le hablaba a la planta a la mañana, a la tarde y a la noche.

De generación en generación

√ Muchos años después, Pancho le contó esta historia a su hijo. Completa los espacios en blanco con algunos de los verbos de la lista

tenían ganas - tenía ganas	sembré - sembró	habló - hablé
me di cuenta - se dio cuenta	quería - querían	puse - puso
echaban - echaba	estaban - estaba	regaban - regaba
eran - era		

Cuando yo **(1)** ___________ chico, no era muy inteligente. Un día, **(2)** _________ un zapato porque **(3)** ___________ tener zapatos negros. Todos los días, **(4)** ___________ el zapato y le **(5)** ___________ pomada negra a la tierra. Un día, le conté a mi papá lo que estaba haciendo y él me dijo que los zapatos no crecían en la tierra, así que no lo regué más.

Al poco tiempo, sembré un frijol porque **(6)** _______________ de comer frijoles. Todos los días, regaba el frijol y le echaba fertilizante. Mi mamá me vio y me dijo que yo tenía que hablarle a la planta de frijoles. Yo le **(7)** _____________ a la planta durante varios días, pero cuando la planta creció, **(8)** ________________ de que era una planta de algodón. Al principio **(9)** _______________ muy triste, pero mi mamá me hizo un cardigan de algodón con el dibujo de un frijol y yo me **(10)** ___________ contento.

√ Muchísimos años después, Pancho tuvo esta conversación con su nieto. Contesta las preguntas como si fueras Pancho.

Nicolás: Abuelo, ¿alguna vez sembraste algo?

Pancho:

Nicolás: ¿Qué sembraste la primera vez?

Pancho:

Nicolás: ¿Qué te dijeron tus padres?

Pancho:

Nicolás: ¿Y qué sembraste la segunda vez?

Pancho:

Nicolás: ¿Cómo los cuidaste?

Pancho:

Nicolás: ¿Crecieron los frijoles?

Pancho:

Nicolás: ¿Qué hiciste con el algodón?

Poncho:

Nicolás: Abu... ¿Todavía tienes el cardigan? Quiero verlo.

Minilectura cultural: El Carnaval de Oruro

El Carnaval de Oruro es una celebración popular que se festeja todos los años en la ciudad de Oruro, capital folclórica de Bolivia. En un principio, la fiesta estaba centrada en la adoración y el **ruego**[1] a la Pachamama (la Madre Tierra) para que las plantas sembradas crezcan sanas y los frutos se multipliquen. Pero con el paso de los años, **se agregó el culto**[2] a la Virgen del Socavón o Virgen de la Candelaria, protectora de los mineros. Según la tradición boliviana, la Virgen apareció en el siglo XVIII en la mina de plata más rica de la región.

El carnaval se realiza durante diez días y diez noches. Los grupos folclóricos viajan por la región cantando y bailando distintas danzas, como la "Diablada" o la "Morenada". En esta celebración participan tanto jóvenes como adultos y personas de todas las clases sociales. Los trajes son magníficos y de colores fuertes que representan a los colores de la tierra. Otra característica de la fiesta es que se bebe "chicha", una bebida muy fuerte hecha de maíz y que está presente en todas las celebraciones, no sólo en el Carnaval. Se sabe que los indígenas echaban unas gotas de chicha a la tierra para proteger a los cultivos, tradición que continúa, aún hoy, en varias regiones de Bolivia.

Se celebra El Carnaval de Oruro por todo el pueblo boliviano, desde las grandes ciudades hasta los pueblos al pie de las montañas. Los trajes, disfraces y las máscaras están pintados cuidadosamente con los colores del altiplano. Esta es la forma de expresar su gran deseo de agradecer la **bondad**[3] de la tierra.

[1]**petition, prayer or request** [2]**worship was added or joined** [3]**kindness, goodness**

√ Encuentra en el texto qué o quiénes son:

1. La Pachamama
2. La chicha
3. La Diablada y la Morenada
4. La Virgen de la Candelaria
5. El motivo de la celebración del Carnaval de Oruro antes
6. El motivo de la celebración del Carnaval de Oruro ahora
7. Las personas y pueblos que celebran el carnaval

Mini-cuento C

una mosca	**aterrizó**	**se metió en un lío**
escoba	**barría el piso**	**una criada**

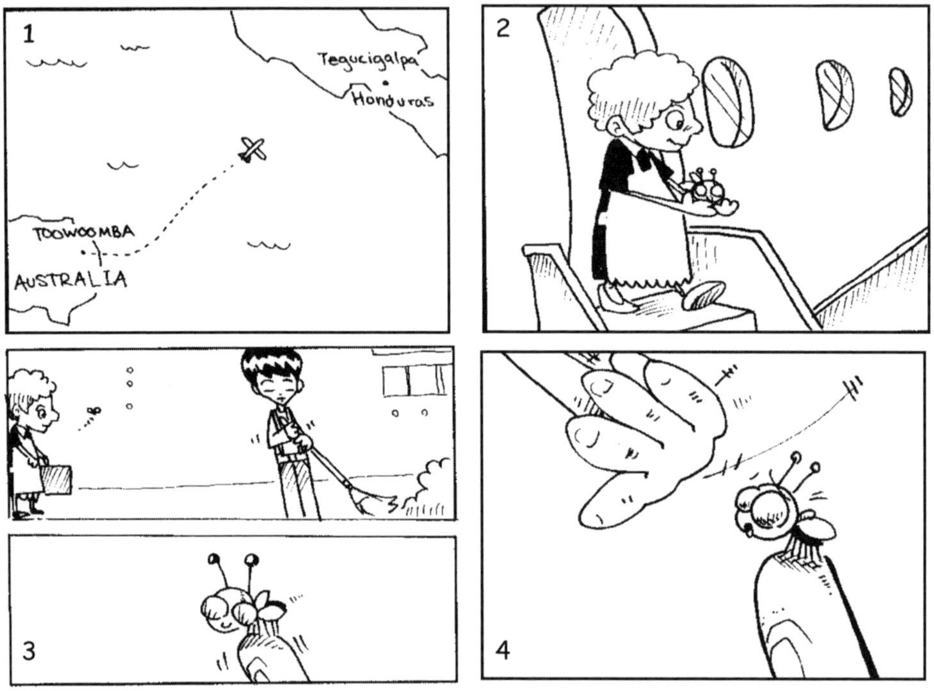

Había una criada boliviana que vivía en Toowomba, Australia. María Paz, la criada boliviana, barría pisos con una escoba boliviana que barría tan bien que las familias más ricas de Australia la contrataban para barrer los pisos de todas las mansiones australianas. María Paz era una criada boliviana que barría el piso con una escoba boliviana, y que también tenía una mascota boliviana: María Paz tenía una mosca boliviana de mascota. Boli, la mosca boliviana de María Paz, barría el piso con María Paz.

La criada boliviana y la mosca boliviana siempre viajaban juntas. La escoba boliviana también iba en el avión con María Paz y Boli. La criada, la mosca y la escoba nunca se separaban. Juntas, barrieron pisos con la escoba boliviana en Sydney, y juntas barrieron pisos con la escoba boliviana en Melbourne. Juntas se mudaron a Toowomba, donde ahora vivían y juntas barrían los pisos de todas las mansiones de Toowomba.

La criada boliviana siempre había tenido ganas de ir a Tegucigalpa, Honduras. Por eso, un día se fue al aeropuerto, compró un boleto y se subió al avión con su mosca boliviana. La mosca se portó muy bien en el avión, pero cuando el avión aterrizó, la mosca se metió en un lío. No era la primera vez que la criada boliviana y la mosca viajaban en avión, pero era la primera vez que se metían en un lío. A veces, iban a Bolivia, viajaban en avión y aterrizaban en La Paz. Otras veces, viajaban en jets privados, aterrizaban y barrían pisos en las casas de la playa de las familias ricas. Una vez, el avión donde viajaban tuvo un problema y aterrizó en Sydney y la mosca no se metió en ningún lío. Pero ese día, cuando el avión aterrizó en Honduras, la mosca se metió en un gran lío.

En el aeropuerto, había un hombre que barría el piso con una escoba boliviana. La mosca aterrizó en la escoba del hombre porque pensó que era la escoba de la criada boliviana y allí se metió en un lío. El hombre vio a la mosca y trató de golpearla. La mosca picó al hombre, que empezó a gritar como loco y llamó a la policía. La criada boliviana vio que la mosca se metió en un lío y también comenzó a gritar. La gente vio el lío y fue a ver qué pasaba. Cuando vieron a la mosca gritando, comenzaron a gritar también. Cuando vieron a la criada boliviana gritando, gritaron más fuerte. Al final, vino la policía porque había mucho lío.

A la mosca la deportaron a Bolivia porque se metió en el lío. A la criada la pusieron en la cárcel porque se metió en el lío, pero las familias ricas la sacaron rápidamente para que pudiera barrer sus casas. Al hombre lo despidieron porque se metió en un lío en su primer día de trabajo. La escoba boliviana quedó en el aeropuerto y vio aterrizar muchos aviones. Hoy en día, ese día es famoso y en Honduras se celebra el día del lío Boliviano.

√ Ordena cronológicamente las siguientes oraciones.

_____ A. El avión aterrizó en Honduras.

_____ B. Una familia rica contrató a la criada para barrer los pisos.

_____ C. La criada, la mosca y la escoba vivían en Bolivia.

_____ D. La criada, la mosca y la escoba viajaron a Tegucigalpa.

_____ E. La mosca aterrizó en la escoba de un hombre.

_____ F. Vino la policía.

_____ G. La criada, la mosca y la escoba fueron a Toowomba.

_____ H. La criada, la mosca y la escoba se mudaron a Sydney.

_____ I. La criada, la mosca y la escoba barrieron pisos en Melbourne.

_____ J. El hombre gritó.

√ Responde a cada oración con Falso o Verdadero.

_____ 1. La criada era australiana.

_____ 2. María Paz tenía un perro boliviano de mascota.

_____ 3. No era la primera vez que viajaban juntas a Tegucigalpa.

_____ 4. La mosca aterrizó en la escoba del hombre a propósito*.

*(on purpose)

_____ 5. La criada se quedó en la carcel durante 10 años.

_____ 6. La escoba boliviana quedó en el aeropuerto por mucho tiempo.

Mini-cuento C: Versión #2:
La mosca presta declaración

√ En la estación de policía, la mosca contó su versión. Subraya todas las palabras que se refieren a la primera persona (yo). La primera oración te sirve de modelo.

Mi nombre es Boli y <u>soy</u> boliviana, pero <u>vivo</u> en Toowomba, Australia, con mi dueña, María Paz. Yo viajé a muchos lugares en avión y nunca me metí en un lío. Primero, viví en Bolivia y después me mudé a Australia. Mientras vivía en Australia, fui varias veces a Bolivia y nunca tuve ningún problema hasta hoy. Ayer, tomé el avión a Tegucigalpa y el avión se movió mucho. Cuando aterrizamos, yo estaba mareada. Vi una escoba y creí que era la escoba de mi dueña, pero era la escoba de un hombre. El hombre trató de golpearme y yo lo piqué un poquito. El hombre gritó y yo grité también porque me asusté. Después vinieron ustedes y me deportaron. Antes de irme a Bolivia, quiero ver a mi dueña por última vez.

√ Escribe una continuación para Mini-cuento C usando la forma yo.

Mini-lectura cultural: Yoro, donde llueven peces

En el centro de Honduras hay un lugar que se llama Yoro, una región en donde el tiempo parece detenerse y la realidad se **mezcla**[1] con la fantasía. Todos los años entre los meses de mayo y julio, llueven peces. Los pobladores de Yoro saben que cuando las nubes están muy negras, tan negras como para asustarse y el viento es muy fuerte, lloverán peces.

Para la mayoría de las personas del lugar, los peces llueven del cielo, a pesar de que nadie los ve caer. Simplemente están vivos, en el suelo, cuando deja de llover. Las personas se los llevan a sus casas, los cocinan y los comen. Algunos tienen que barrer el piso con una escoba para poder abrir las puertas de las casas y salir a recogerlos; y los niños juegan a ver quién tiene más cantidad de peces en su bolsa. Desde hace unos años, se festeja "el festival de la lluvia de peces" en Yoro y algunos programas de televisión van hasta allí para transmitir este original festejo.

Hace unos años, unos científicos aterrizaron en Yoro para explicar esta extraña lluvia de peces. Los científicos dijeron que los peces son ciegos y opinaron que viven bajo la tierra en ríos o lagos subterráneos en total oscuridad y por eso no necesitan ver. Con las fuertes lluvias, se inunda el río subterráneo y los peces salen a la **superficie**[2].

Pero el pueblo de Yoro tiene una explicación más misteriosa. Se oye contar a los pobladores que hace mucho tiempo llegó al lugar un **cura**[3] y como todas las personas que allí vivían eran muy pobres, él rezó tres días y tres noches y cuando terminó, comenzó la tormenta y llovieron peces.

[1]**mixture** [2]**surface** [3]**Catholic priest**

√ Contesta las siguientes preguntas.

1. ¿Cuáles son las condiciones para que "lluevan peces"?

2. ¿Cuál es la explicación científica?

3. ¿Cuál es la explicación que dan los pobladores?

4. ¿Cuál podría ser otra explicación? Imagina una explicación.

5. **Vocabulario nuevo: a.)** Si 'mezcla' quiere decir mixture, ¿qué significa 'mezclar'? **b.)** 'Cura' tiene otro significado obvio. ¿Cuál es? **c.)** 'Superficie' parece a la palabra inglesa, superficial. ¿Cómo se relacionan estas dos palabras?

Mini-cuento D

la sala de estar	**telenovela**	**pertenecía**
iba a cumplir los quince años	**dejó caer**	**nunca supo**

Había un chamaco que iba a cumplir quince años dentro de dos meses. Paco estaba muy emocionado porque iba a cumplir quince años y creía que era un cumpleaños muy importante. Paco tenía una hermana melliza que, obviamente, también iba a cumplir quince años. Lucía, la hermana de Paco, también estaba emocionada porque iba a cumplir quince años y sabía que era un cumpleaños muy importante. Paco creía que su madre iba a hacer una fiesta para los dos y a él le iba a comprar un televisor, porque en el televisor que pertenecía a la familia y estaba en la sala de estar, toda la familia miraba telenovelas y a Paco le disgustaban las telenovelas. El televisor de la sala de estar pertenecía a la familia, pero en realidad, Paco sentía que a él no le pertenecía porque nunca podía mirar los programas que a él le gustaban.

Un sábado, la abuela de Paco miraba la telenovela en la sala de estar, cuando Paco entró y le preguntó dónde iba a ser la fiesta de cumpleaños y cuándo le iban a comprar el televisor. La abuela de Paco no supo qué decirle. No supo decirle que la fiesta iba a ser sólo para la hermana de Paco y que el único televisor iba a ser el que pertenecía a la familia y estaba en la sala de estar. Primero, la abuela pretendió estar concentrada en la telenovela. Después, dejó caer el vaso que estaba tomando y dejó caer el líquido que había en el vaso sobre su blusa. *"¡Ay!"*, exclamó. *"Necesito lavar esta blusa urgentemente".*

Al día siguiente, domingo, la madre de Paco miraba la telenovela en la sala de estar, cuando Paco entró y le preguntó dónde iba a ser la fiesta de cumpleaños y cuándo le iban a comprar el televisor. La madre de Paco no supo qué decirle. No supo decirle que la fiesta iba a ser sólo para su hermana y que el único televisor de la casa iba a ser el que pertenecía a la familia y estaba en la sala de estar. Primero, pretendió estar concentrada en la telenovela. Después, dejó caer la taza que estaba tomando y dejó caer el té sobre el sofá. "¡Ay!", exclamó. "*Necesito lavar este sofá urgentemente*".

Paco iba a cumplir quince años, pero no sabía que sólo las chicas hacen una fiesta importante para sus quince años. Paco tampoco sabía que las mujeres de su familia estaban obsesionadas con las telenovelas. ¡Qué desgracia! El chamaco, Paco, quería tener una fiesta, pero no iba a tenerla. Además, quería un televisor para ver "Sponge Bob Square Pants" pero las mujeres de su familia nunca lo dejaban verlo.

Enojado porque nadie le contestaba, Paco agarró el **control remoto*** y cambió el canal a "Sponge Bob". De repente, dejó caer el control remoto en una jarra de mermelada. Su madre nunca supo a dónde fue el control remoto y se compró otro televisor chiquito para mirar la telenovela en su dormitorio. La abuela nunca supo a dónde fue el control remoto y se mudó al cuarto de la madre para ver la telenovela en el televisor chiquito. La hermana nunca supo a dónde fue el control remoto, pero como estaba organizando la fiesta, dejó de mirar telenovelas. Paco pasó tres meses viendo Sponge Bob en la sala de estar. El día de la fiesta de Lucía, Paco estaba en la sala de estar mirando Sponge Bob y nunca supo que estaba la fiesta de Lucía.

* Se dice 'control remoto' en México y otros países latinoamericanos. En España, el término 'control remoto' no está usado para la televisión. Sólo está usado para coches teledirigidos (juguetes). Para la televisión se usa 'mando a distancia.'

√ Contesta las siguientes preguntas sobre Mni-cuento D.

1. ¿Al principio del cuento, ¿cuántos años tenía Paco?

2. ¿Qué quería ver Paco? ¿Te gusta el mismo programa?

3. ¿Qué pasó cuando Paco se enojó porque nadie le contestaba?

4. ¿Perdió alguna vez el control remoto tu familia, y nunca supo lo que pasó?

5. ¿Son justos los padres de Paco?

6. ¿Cuál sería un buen título para este cuento?

La conversación de los mellizos

√ Después de que Paco dejó caer el control remoto en una jarra de mermelada, Lucía entró a la sala de estar y los mellizos tuvieron esta conversación:

Lucía: ¿Viste el control remoto?

Paco: No, no lo vi.

Lucía: Si no lo tuviste, ¿cómo prendiste el televisor?

Paco: Con mi dedo, tonta.

Lucía: ¡Tú eres imposible! No me maltrates porque no van a hacerte una fiesta.

Paco: ¿Qué me importa una fiesta tonta? No quiero una fiesta, quiero un regalito.

Lucía: ¿Qué regalo quieres?

Paco: Es obvio- quiero un televisor. Nunca puedo mirar mi programa favorito porque las mujeres de esta casa siempre están mirando telenovelas.

Lucía: ¿Cuál es tu programa favorito?

Paco: Obvio: ¡Bob Esponja!

Lucía: ¡Qué programa más tonto!

√ Al terminar la conversación, Paco, desilusionado con la situación de la televisión y la fiesta, fue a su dormitorio para escribir una carta a una consejera. Escribe la carta abajo como si fueras Paco.

Estimada Consejera:

Mini-lectura cultural: La telenovela

La telenovela, también llamada teleserie o culebrón -como la llaman en España, es un programa de televisión transmitido todos los días, generalmente de lunes a viernes, y cuenta una historia entre cómica y dramática. Las telenovelas tienen gran popularidad en toda América Latina pero los países que más dinero **invierten**[1] en ellas son México, Venezuela, Colombia y Argentina.

Los inicios de las telenovelas están en Cuba pero actualmente es en Venezuela donde tienen mayor popularidad. Todos los días, a la tarde o a la noche, las mujeres se reúnen en la sala de estar de la casa a mirar la novela y también, a llorar un poco.

Las historias de las telenovelas narran **desencuentros**[2] amorosos o amores trágicos. A veces la protagonista se enamora de un muchacho de otro lugar, un lugar adonde ella no pertenece y entonces los personajes sufren desencuentros terribles. Cuando la telenovela está por terminar, la muchacha, que nunca supo que el **galán**[3] también la amaba, se encuentra con él y terminan celebrando una boda. De esta forma, durante los capítulos diarios, se crea tanto suspenso que casi siempre se habla del episodio de la telenovela hasta en los trabajos o en las oficinas. Otro argumento muy común en las telenovelas es el de la niña que iba a cumplir los quince años pero no puede celebrarlos porque la familia, de pronto, se volvió pobre. Al final de la historia siempre aparece alguien (tal vez un padre millonario al que no conoce) que le regala una gran fiesta.

Una novela venezolana, mexicana o colombiana, puede ser vista en muchos países porque son vendidas por mucho dinero a los canales de televisión del **extranjero**[4]. Un ejemplo de una telenovela colombiana que tuvo mucho éxito y es muy conocida en casi toda Latinoamérica es "Betty La Fea", que relata con algo de comedia la historia de una muchacha no muy linda pero simpática.

[1]**they invest** [2]**misunderstandings** [3]**handsome man, gallant lover** [4]**foreign(er)**

√ Busca en el texto:

1. Otras formas de llamar a la telenovela

2. El nombre y el origen de una famosa telenovela

3. Los nombres de los países que invierten mucho dinero en telenovelas

4. Temas o argumentos de telenovelas

√ Da tu opinión: Completa las oraciones con información verdadera.

1. Me gustan/No me gustan las telenovelas porque...

2. Nadie/Alguien en mi casa mira telenovelas porque...

3. El argumento que me parece más/menos interesante es...

4. Nunca he visto/Alguna vez he visto Betty La Fea. En mi opinión, es...

Capítulo siete

¿La criada o la malcriada?

¿La criada o la malcriada?

Había una criada boliviana muy floja y muy vieja (¡En una semana iba a cumplir 99 años!) que se llamaba Amelia. Era una mujer muy baja con el pelo más blanco que el algodón. Ella trabajaba para una familia rica en Cochabamba, Bolivia. La criada apenas trabajaba y pasaba muchas horas mirando telenovelas, pero de todos modos se quejaba todo el día porque creía que su trabajo era muy difícil. Además, casi todos los días ella rompía cosas o dejaba la casa muy desordenada.

¡Era increíble! Cada vez que se metía en un lío siempre tenía una buena excusa. ¡La familia pensaba que ella tenía la peor suerte del mundo! Aunque era una criada terrible, los miembros de la familia apenas estaban en casa y no tenían idea alguna de lo que pasaba. En realidad, la familia nunca supo que Amelia era la peor criada boliviana del mundo.

Un día, la criada estaba barriendo el piso de la sala de estar y miraba su telenovela favorita, que se llamaba "Dos Corazones". En la telenovela había un momento muy emocionante y la criada estaba distraída. En ese instante, una mosca muy grande aterrizó en la punta de la nariz de Amelia. Amelia gritó y dejó caer la escoba. La escoba golpeó una estatua muy antigua que pertenecía a la abuela del dueño de la casa y la rompió en mil pedazos. ¡Qué desgracia!

Amelia recogió uno por uno cada pedacito de la estatua y los guardó en una jarra. Más tarde, llevó la jarra a un taller de reparaciones y le contó al dueño del taller lo que había pasado. Después le dijo: *"Espero que no cueste mucho reparar esta estatua"*. El dueño del taller miró la estatua y le dijo a Amelia: *"Puedo repararla por ochocientos Bolivianos"*. Amelia casi se desmayó cuando escuchó el precio. Ella pensó: ***"¡Cuesta un ojo de la cara!"***[1]. Volvió a casa desesperada y comenzó a regar las plantas del jardín mientras pensaba...

De repente, tuvo una idea. Hizo un **agujero**[2] en la tierra y allí puso los pedazos de la estatua que guardaba en la jarra. Después echó mucha tierra por encima y sembró una planta muy exótica porque pensó: *"Quiero que crezca una planta muy linda. La familia admirará la planta y se olvidará de la estatua"*. Amelia creía que si crecía una planta muy exótica, la familia se olvidaría de la estatua durante algunos días. Ahora tenía tiempo para pensar qué hacer...

[1]Idiomatic phrase equivalent to "It costs and arm and a leg!" Literal translation: "It costs an eye from your face".

[2]hole

Una comparación

√ **Llena el siguiente diagrama Venn para hacer una comparación entra Amelia y una criada buena.**

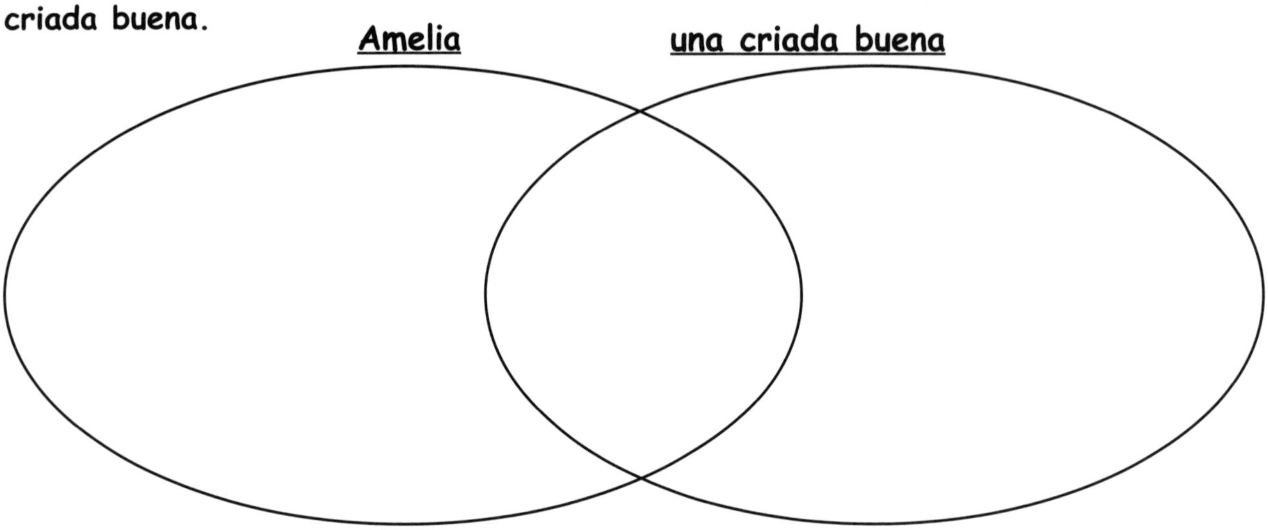

√ **Contesta las siguientes preguntas.**

1. ¿Cómo es Amelia? ¿Cómo es la familia para la que trabaja?

2. Describe lo que hace ella durante el día. Describe lo que te parece que la familia hace durante todo el día.

3. ¿Por qué dejó caer la escoba?

4. ¿Por qué era importante la estatua?

5. ¿Adónde llevó los pedazos? ¿Por qué no los dejó allá?

6. ¿Le parece sospechosa Amelia a la familia? Explícalo.

7. ¿Alguna vez, rompiste tú algo de valor y después lo escondiste o rompiste algo y no dijiste nada? Explícalo.

8. ¿Cuántos años tenía Amelia? ¿Cuántos iba a cumplir? ¿Y tú? ¿Cuántos años vas a cumplir? ¿Cuándo vas a cumplir años?

9. ¿Cuál fue la idea que tuvo la criada? ¿Te parece que fue una buena o una mala idea? Explícalo.

10. En tu opinión, ¿qué pasó después? Inventa el final de la historia.

√ Responde a cada oración con Falso o Verdadero.

___ 1. Amelia es una buena criada.

___ 2. Amelia es joven.

___ 3. Amelia debe ayudarte a inventar excusas para tu tarea perdida.

___ 4. La familia siempre supo que Amelia era una criada terrible.

___ 5. Una mosca aterrizó en la escoba.

___ 6. La escoba golpeó una jarra antigua.

___ 7. Amelia no se preocupó por el accidente.

___ 8. Amelia escondió los pedazos en una bolsa.

___ 9. Amelia pensó que era carísimo reparar la estatua.

___ 10. Amelia sembró una planta exótica en el jardín para ocultar* la estatua.

*hide

¿Qué harías tú?

√ Explica lo qué harías* tú con la estatua rota, si fueras Emelia. Usa la imaginación para inventar un plan magnífico. **(Explain what you would do...)**

____

____

____

____

____

____

____

____

____

____

____

____

____

____

____

Capítulo siete

√ Llena los espacios en blanco para escribir el cuento como si fueras Emelia. Usa la forma correcta de los siguientes verbos para hacerlo.

miraba/miré	**trabajaba/trabajé**	**apenas descansaba/descansó**
era/fui	**Quería/Quise**	**me desmayaba/me desmayé**
Qué desgracia	**dejaba/dejé caer**	**echaba/eché**
recogía/recogí	**sabía/supe**	**volvía/volví**
tenía/tuve	**sembraba/sembré**	**iba/fui a cumplir**

Hola, me llamo Amelia. Cuando yo **(1)** ____________los 99 años, dejé mi trabajo. Era criada y **(2)** ___________ para una familia rica en Cochabamba, Bolivia. Mi trabajo era muy difícil porque la familia apenas estaba en la casa y siempre dejaba la casa desordenada. Así que ocurrían algunos accidentes. Yo **(3)** _________________ porque tenía tanto trabajo. **(4)** ____________ mirar las telenovelas, pero nunca tenía tiempo.

¡Era increíble! Aunque **(5)** ________ una criada maravillosa, yo tenía la peor suerte del mundo! Nunca **(6)** ___________ como ocurrieron los accidentes, pero la familia no me iba a creer. Así que yo siempre reparaba los daños.

Un día, estaba barriendo el piso en la sala de estar y apenas **(7)** _________ mi telenovela favorita, que se llamaba Dos Corazones. En la telenovela había un momento muy emocionante. En ese instante, una mosca muy grande aterrizó en la punta de mi nariz. ¡Me picó! Grité y **(8)**________________ la escoba. La escoba golpeó una estatua muy antigua que pertenecía a la abuela del dueño de la casa. La estatua se rompió en mil pedazos. **¡(9)**____________________!

Yo **(10)**___________ uno por uno cada pedacito de la estatua en una jarra y fui a un taller de reparaciones. Creía que no iba a costar mucho, pero el dueño del taller miró la estatua y me dijo: *"Puedo repararla por ochocientos bolivianos"*. Casi **(11)**_____ ______________ cuando escuché el precio. Yo **(12)** ___________ a la casa desesperada y comencé a regar las plantas mientras pensaba.

De repente, **(13)** __________ una idea. Hice un agujero en la tierra y puse los pedazos de la estatua allí. Después, **(14)** ____________ mucha tierra por encima y **(15)**___________ una planta muy exótica para que la familia admirara la planta y se olvidara de la estatua. Mientras tanto, yo iba a tener más tiempo para pensar qué hacer...

Lectura cultural: Bolivia

Bolivia está al sur de la línea ecuatoriana y limita con cinco países: Perú al noroeste; Brasil al norte y al este, Paraguay al sureste, Argentina al sur y Chile al suroeste. Bolivia no tiene salida al océano y lucha desde siempre por conseguirla.

Bolivia tiene dos capitales. La capital administrativa es La Paz y la judicial es Sucre. El sistema de gobierno de Bolivia es una democracia. Casi el 60 por ciento de la población es indígena y muchos de ellos viven, al igual que el resto de los bolivianos, en la pobreza. La moneda de Bolivia es el boliviano.

Bolivia está en una zona montañosa. La mitad este de Bolivia es parte del Amazonas, y la del oeste es un gran **altiplano**[1] recorrido por los Andes. En esta zona, hay dos lagos muy grandes que se llaman Titicaca y Poopó. La mayor parte de los bolivianos viven en el altiplano.

Bolivia es rica en metales y exporta **estaño**[2], plata, cinc y tungsteno. También es una gran productora de gas que exporta a Brasil y la Argentina. Por el contrario, la agricultura y la industria están muy poco **desarrolladas**[3].

La ciudad de Potosí, capital del Departamento del mismo nombre, está ubicada a 4.070 metros de altura y es la segunda ciudad más alta del mundo. Potosí es famosa porque en ella se levanta el **cerro**[4] Rico, una montaña que posee importantes yacimientos o depósitos de plata. Durante la conquista española fue uno de los lugares más ricos del continente, tanto que sus calles llegaron a estar pavimentadas de plata. Sin embargo, hoy día es una zona muy pobre.

[1]high plateau **[2]tin** **[3]developed** **[4]hill**

Sobre este país

1. ¿Puedes ubicar a Bolivia en un mapa con los datos de la lectura? ¿Cuáles te ayudan más?

2. Describe la población de Bolivia.

3. ¿Cómo es la geografía de Bolivia?

4. ¿Cuáles productos exporta Bolivia?

5. Si Potosí fue uno de los lugares más ricos del continente, ¿cómo llegó a ser una zona muy pobre?

Lectura cultural: La invitación boliviana

En Bolivia, la mayoría de las personas tienen vidas sociales muy activas. Pero, hay algunas diferencias entre la vida social de Bolivia y la de Estados Unidos. Primero, cuando recibes una invitación a un evento, por ejemplo una fiesta, normalmente hay una hora para la invitación. En los Estados Unidos, vas a la hora en que comienza la fiesta según la invitación, ¿verdad? Pero en Bolivia, nadie llega a la hora indicada. Es perfectamente normal que una fiesta comience 45 minutos después de la hora indicada en la invitación ¡y nadie se queja! ¡Hasta los programas de la televisión a veces no comienzan a tiempo!

Cuando llegas a una reunión social en Bolivia, es de muy mala educación simplemente decir: *"¡Hola!"* a todo el grupo. Es necesario darles la mano a los hombres (con un abrazo si son buenos amigos) y un beso en la mejilla a las mujeres. Si hay treinta personas, hay que saludar a las treinta individualmente.

Cuando vas a una fiesta en Bolivia, normalmente no vas a tener mucho tiempo para conversar. En una fiesta, bailan todo el tiempo y la música es muy fuerte. ¡Para un boliviano, una fiesta sin bailar no es una fiesta!

Diferencias

1. ¿Puedes mencionar dos diferencias entre las reuniones sociales a las que vas en tu ciudad y las bolivianas?

2. ¿Qué te gusta y que no te gusta de las fiestas bolivianas? Explícalo.

Capítulo ocho: La criada heroína

Mini-cuento A

nunca había visto

terremoto

¿Te gustaría ir?

estaba rodeada

empezó a temblar

no te preocupes

Mini-cuento B

¡Claro que sí!

una sonrisa

la mejilla

no quiero que me mires/
no me mires

siguió mirando

mentía

Mini-cuento C

capturaron

un ladrón

oscura

no quiero que sepan

estaba muy cansado

descansó

Mini-cuento D

pisaba

un vecino

ya basta

tenía mucho valor

tiraba/tiró

aplastaba/aplastó

Mini-cuento A

nunca había visto	**un terremoto**	**¿Te gustaría ir?**
estaba rodeada	**empezó a temblar**	**no te preocupes**

Había un muchacho que se llamaba Diego que nunca había visto la película "Terremoto". Por eso, cuando le dijeron que había una **función**[1] especial en el cine más grande de California, empezó a temblar de alegría. Diego nunca había visto fotos de California ni había visitado California y no quería ir solo porque le preocupaban los terremotos. Por eso, preguntó a su amiga Cecilia: *"¿Te gustaría ir a California conmigo?"*. Cecilia empezó a temblar y le respondió: *"No sé. ¡Tengo miedo de los terremotos!"*. Diego le dijo: *"No te preocupes. Leí el periódico 'National Inquirer' esta mañana y no hay terremotos este mes"*. Pero Cecilia le dijo que no.

Diego se fue a la casa de su amigo Pablo **diciéndose**[2]: *"No te preocupes. Pablo aceptará la invitación. No te preocupes, no hay terremotos en California este mes. El único terremoto en California está en la película. No te preocupes"*. La casa de Pablo estaba rodeada de policías. Estaba rodeada de policías con uniformes azules y estaba rodeada de policías con uniformes grises. Diego vio a Pablo caminando con su uniforme azul. Diego le sonrió y le preguntó: *"¿Por qué está rodeada tu casa con policías con uniformes?"*. Pablo le respondió: *"Porque hoy me gradué de la Escuela de Policías"*. Diego estaba sorprendido, pero dijo: *"¡Felicidades! ¿Te gustaría ir a California conmigo?"*. Pablo se rió tan fuerte que su estómago empezó a temblar de risa y le dijo: *"No quiero ir porque* *tengo miedo de los terremotos. ¿Te gustaría ir a mi fiesta de graduación?".* Diego dijo: *"No. Quiero ver un terremoto".*

Muy desilusionado, Diego fue a la casa de su amigo Gerardo, que nunca había visto la película "Terremoto" ni había visto fotos de California. En verdad, Diego no había visto a Gerardo en 5 años, pero Diego sabía que cuando le dijera a Gerardo: *"¿Te gustaría ir a California?"*, Gerardo le iba a decir que sí. Gerardo le abrió la puerta y Diego le preguntó: *"¿Te gustaría ir a California conmigo?".* Gerardo le respondió: *"No sé. ¡Tengo miedo de los terremotos!".* Diego le dijo: *"¡No te preocupes! No hay terremotos en California en este mes. El único terremoto que hay es el de la película".* Gerardo aceptó y se fue con Diego a California.

En el camino, el coche empezó a temblar. Gerardo gritó: *"¡Ay de mí! ¡Un terremoto!".* Diego no pudo salir del coche, porque estaba rodeado de otros coches en la carretera. Gerardo tampoco pudo salir del coche. Por fin (en treinta segundos) el terremoto se acabó. Diego vio que su coche estaba rodeado de equipos de emergencias, pero condujo rápidamente y ellos salieron de California.

Cuando estaban fuera de California, Gerardo y Diego no estaban tristes porque no habían visto el estado de California. Estaban tristes porque no habían visto la película "Terremoto". Pero los dos dijeron: *"¡Qué alivio!".* Y después, Diego le dijo: *"¿Te gustaría ir a Miami?".* Como no hay terremotos en Miami, Gerardo aceptó. Los dos fueron a Miami, donde estaban muy contentos porque estaban rodeados de chicas en bikini.

[1]show **[2]saying to himself**

√ Contesta las siguientes preguntas.

1. ¿Por qué Cecilia no aceptó la invitación a California si Diego le dijo que no iba a haber terremotos?

2. ¿Quiénes en la historia empezaron a temblar? ¿Por qué temblaban? ¿En qué situaciones tiemblas tú?

3. ¿Por qué Diego no quería ir solo a California? ¿A qué lugares te gusta ir solo? ¿A cuáles te gusta ir con amigos? ¿Y con tu familia?

4. Describe tus experiencias o las de gente que ha experimentado un terremoto. ¿Qué sabes acerca de los terremotos extremos que han ocurrido en los útlimos 200 años?

¡El terrible terremoto!

√ Escribe una historia acerca de un terremoto fuerte. Tu historia puede ser verdadera, basada en tu propia experiencia o en información que encuentras en Internet, revistas, periódicos o libros. También puedes elegir a escribir un cuento de ficción. Usa doscientas palabras como mínimo y trata de incluir las siguientes palabras o frases.

nunca había visto	**nunca había experimentado**	**me gustaría**
"no te preocupes"	**"espero que no dure mucho tiempo"**	**empezó a...**

Mini-lectura cultural: Sudamérica y el laboratorio de terremotos

Todos los días se registran terremotos en el mundo aunque la mayoría son de poca magnitud. Sin embargo, a lo largo del año se producen algunos terremotos o sismos con consecuencias graves.

Hay regiones donde hay más terremotos o temblores. Una de esas zonas es el lado oeste del continente americano, especialmente en Perú, Chile, Argentina, Bolivia y Ecuador. Según los expertos, la causa de estos temblores es el choque de unas **placas terrestres**[1] llamadas cinturón del Pacífico. La duración de un terremoto puede ser muy corta, generalmente son segundos y se siente que la tierra empieza a temblar. En algunos casos se emiten ondas debajo de la tierra y se siente el temblor en varias regiones o países.

Existen instrumentos para medir la intensidad de los terremotos pero es imposible saber cuándo ocurrirá alguno. Los países con mayor cantidad de temblores, sismos y terremotos construyen los edificios con materiales antisísmicos. En la Provincia de Mendoza, Argentina, están construyendo un laboratorio, gracias al cual, será posible **comprobar**[2] la resistencia de los materiales con los que luego construirán casas y edificios. En ese laboratorio se simularán terremotos para probar[2] los materiales de construcción. Científicos y estudiantes de Ingeniería harán pruebas pero no se preocuparán porque los terremotos que allí se simularán serán solamente un **ensayo**[3].

[1]**terrestrial or tectonic plates** [2]**verify, check, test** [3]**trial or experiment**

√ Relaciona lo que leíste:

1. ¿Con qué frecuencia hay terremotos en nuestro planeta? ¿Cómo son? ¿Qué sabes tú de los terremotos en los Estados Unidos?

2. ¿En qué regiones hay más terremotos en Latinoamérica? ¿Y en los Estados Unidos?

3. ¿Qué país tiene un laboratorio de terremotos? ¿Existen centros similares en los Estados Unidos?

√ ¿Verdadero falso?

_____ 1. Un temblor es más fuerte que un terremoto.

_____ 2. Hay muchos terremotos en Perú, Chile, Argentina, Bolivia y Ecuador.

_____ 3. Es fácil predecir un terremoto.

_____ 4. Es imposible simular un terremoto

_____ 5. Las ondas que se emiten debajo de la tierra son ondas acuáticas.

Mini-cuento B

¡Claro que sí!	**una sonrisa**	**la mejilla**
no me mires	**siguió mirando**	**mentía/mintió**
no quiero que me mires		

Había una muchacha que se llamaba Violeta que se parecía mucho a Julia Roberts. Cuando caminaba por la calle, las personas la miraban y le preguntaban si era Julia Roberts. Con una sonrisa, ella les mentía: *"¡Claro que sí! Pero no quiero que me mire. El grano de mi mejilla se pone horrible cuando las personas me miran mucho"*.

Un día, Violeta caminaba por Rodeo Drive y vio a Brad Pitt. Con una sonrisa, Violeta siguió mirando a Brad. Brad miró a Violeta por un instante. Vio su sonrisa y la siguió mirando durante 30 minutos. Después, se acercó a ella y le dijo: *"Hola, ¿eres Julia?"*. Violeta le respondió con voz muy baja: *"¡Claro que sí!"* (Siempre les mentía a todas las personas acerca de su identidad). Al ver la sonrisa de Brad, una sonrisa tan sexy como él, una sonrisa tan honesta y tan hermosa, Violeta dijo: *"¡Claro que sí! ¡Claro que sí!"*. Entonces, el grano de la mejilla de Violeta se puso enorme. La mejilla de Violeta estaba horrible. Violeta sintió el grano de su mejilla y la sonrisa desapareció de su cara. Después le dijo: *"¡No quiero que me mires! ¡No me mires ni un minuto! ¡No quiero que me mires ni por un segundo porque el grano de mi mejilla se pone horrible!"*. Brad Pitt, la siguió mirando y la siguió mirando y el grano de la mejilla de Violeta se puso monstruoso. Violeta ya no siguió mirando a Brad Pitt sino que salió corriendo.

Otro día, un muchacho llamado Antonio, más guapo que Brad Pitt, vio a Violeta en la calle. Con una sonrisa, Violeta lo miró y él se acercó. Antonio le dijo: *"Eres Julia Roberts, ¿verdad?"*. Violeta le respondió: *"¡Claro que sí!"*. (Ella siempre les mentía a todas las personas acerca de su identidad). Antonio siguió mirando a Violeta y Violeta siguió mirando a Antonio durante 2 minutos. Después, ella se acordó del incidente con Brad Pitt y le dijo: *"¡No quiero que me mires!"*. Pero Antonio la siguió mirando. En realidad, Antonio no miraba la sonrisa de Violeta, ni tampoco su fantástico pelo, sino que miraba el grano de su mejilla. A Antonio no le gustaban las chicas con granos en las mejillas, así que decidió mentir una vez más. Antonio siempre les mentía a las chicas. Les mentía a las que le gustaban y les mentía a las que no le gustaban. Antonio tenía "mentiritis crónica". Le dijo: *"¡No quiero que me mires! Tengo una novia muy celosa y ella no quiere que ninguna chica me mire"*. Después, salió corriendo con una sonrisa.

√ Indica si las siguientes oraciones son falsas o verdaderas. Corrige las oraciones falsas.

____ 1. Julia Roberts se parece a Violeta.

____ 2. Violeta se acerca a Brad Pitt.

____ 3. A Violeta le gusta Brad Pitt.

____ 4. Cuando ve a Brad Pitt, el grano de la mejilla de Violeta se vuelve más grande.

____ 5. Brad Pitt no era tan guapo como Antonio.

____ 6. Antonio tiene una novia muy celosa.

√ Contesta las siguientes preguntas.

1. ¿Qué edad tienen los personajes de la historia? Explícalo.

2. ¿Cómo los describirías? (físicamente y su personalidad?

3. ¿Por qué Antonio y Violeta mentían siempre? ¿Conoces a alguien que siempre miente? ¿Por qué lo hace?

4. Para los chicos: Imagina que ves a Julia Roberts. Al acercarte, te pide que no la mires, ¿qué harías?

5. Para las chicas: Imagina que Brad Pitt se te acerca y tú tienes un grano muy feo en la cara, ¿qué harías?

Dos versiones

Violeta nos cuenta su versión

√ Completa esta versión del encuentro de Violeta con Brad Pitt con algunos de los verbos de la lista.

me parezco/me parece	seguí/siguió	les digo/me dicen	es/soy
me dijo/le dije	camina/camino	quiere/quiero	
le respondí/me respondió	salió/salí	tengo/tiene	

Mi nombre es Violeta y **(1)** _______ muy bella. **(2)** _______________ mucho a Julia Roberts. Cuando **(3)** _______________ por la calle, las personas me miran y me preguntan si soy Julia Roberts. Para no desilusionarlos, yo **(4)** ______________ que sí, pero no **(5)**____________ quiero que me miren porque **(6)** ___________ un grano que crece cuando la gente me mira. Un día, yo caminaba por Rodeo Drive y vi a Brad Pitt. Brad me miró, y me preguntó si yo era Julia. Para no desilusionarlo, **(7)** _______________ que sí. Entonces, el grano de mi mejilla se puso enorme. La sonrisa desapareció de mi cara y **(8)** _________

___________: *"¡No me mires ni un minuto!".* Brad Pitt me siguió mirando y el grano de mi mejilla se puso monstruoso. Ya no **(9)** ___________ mirando a Brad Pitt sino que **(10)** ____________ corriendo.

Antonio nos cuenta su versión

√ Escribe la versión del encuentro de Antonio con Violeta. Utiliza algunas de las ideas de la actividad anterior.

____

____

____

____

____

____

____

____

____

Mini-lectura cultural: La pollera panameña

Entre los vestidos típicos de América, la **pollera**[1] panameña es uno de los más coloridos, alegres y costosos. Hace muchos años era el vestido usado diariamente, de color blanco, tenía volados y estaba **bordado**[2] con colores brillantes. Estas famosas polleras se hacen en todo Panamá, pero las de mejor calidad se fabrican en una región llamada San José de las Tablas.

Hay distintos tipos de polleras, la "montuna" (de trabajo) y la pollera de gala que se borda con perlas, oro y **encajes**[3]; y por ese motivo es muy cara. Las joyas que se llevan con esta ropa pasan de generación en generación a las mujeres de la familia que las usarán en fiestas importantes. La pollera blanca bordada es usada por las novias y por las quinceañeras, que le agregan algunas **cintas**[4] de color celeste.

Todos los años, el 22 de julio, se realiza el Festival de la Pollera en Las Tablas, Provincia de Todos los Santos. Además de presentar los trajes típicos, hay concursos y se elige a la reina. El jurado observa las polleras, y también a las guapas muchachas. Las muchachas tienen muchas ganas de lucir sus hermosas polleras y con las mejillas rojas pasan mucho tiempo mirándose al espejo, con una sonrisa en la cara. Cuando están arregladas, salen con una sonrisa mientras escuchan los aplausos. Este tipo de fiesta es muy famosa y demuestra la importancia del vestido típico panameño.

[1]skirt **[2]had ruffles and was embroidered** **[3]lace** **[4]ribbons**

√ Contesta las siguientes preguntas con la respuesta(s) más apropiada(s). Puedes seleccionar más de una respuesta.

1. La pollera puede ser:

a.) muy cara b.) muy elegante

c.) blanca o colorada d.) más sencilla

2. Se hace polleras para:

a.) novias b.) las quinceañeras

c.) trabajo d.) gente de las clases altas únicamente

3. Las polleras son:

a.) de tela fina b.) de Panamá

c.) variadas d.) llevadas el 22 de julio

Mini-cuento C

capturaron	un ladrón	oscura
no quiero que sepan	estaba muy cansado	descansó

En Montevideo, Ciudad capital de Uruguay, había una calle muy oscura. En esa calle había un ladrón que entraba en las casas cuando las noches eran oscuras y las casas estaban oscuras. La policía quería capturar al ladrón, pero esa calle era tan oscura que un día, confundieron a un vecino con el ladrón y capturaron al hombre equivocado. Otra noche muy oscura, confundieron al médico de un hospital con el ladrón y nuevamente capturaron a la persona equivocada. Ningún vecino de la calle oscura quería salir y todos estaban cansados de estar en su casa todos los días. Estaban cansados de no salir de sus casas para nada porque tenían miedo del ladrón.

En una noche muy oscura, la familia Sánchez, que también vivía en la calle oscura y que también estaba cansada de no salir, decidió ir al cine. El padre dijo: *"La policía aún no capturó al ladrón, pero yo estoy cansado de estar en casa. Hoy, iremos todos al cine en secreto. No quiero que los vecinos sepan que salimos".* La madre dijo: *"¡Claro que sí! Yo también estoy cansada de estar en casa. No quiero que nuestros amigos sepan que fuimos al cine".* El hijo dijo: *"Yo también estoy cansado de esperar. La policía es tan ineficiente que sólo capturó personas honestas. No quiero que mi novia sepa que salí con papá y mamá".*

Mientras ellos estaban en el cine, el ladrón de la calle oscura entró en la casa más oscura de la calle. Estaba muy cansado de tanto robar. Entró en la cocina y descansó tresminutos. Quería una bebida. Buscó un refresco en la nevera. El refresco estaba demasiado frío, así que se decidió por una taza de chocolate caliente. Bebió el chocolate y después estaba más cansado. Quería descansar así que buscó una cama. Se acostó en una cama grande, y descansó diez segundos, pero la cama era muy dura. Entonces se acostó en una camita muy cómoda y descansó doce segundos. Después, se durmió. Mientras dormía, la familia volvió a casa y llamó a la policía. En 10 minutos, llegaron 30 policías y capturaron al ladrón de la calle oscura. Cuando lo capturaron, el ladrón les dijo que estaba muy cansado. Un policía llevó al ladrón a prisión y le dijo: *"No te preocupes. En prisión, vas a tener bastante tiempo para descansar"*. ¡El ladrón cansado descansó en la prisión durante ocho años!

¿A quiénes se refieren?

√ Decide a quiénes o a cuál lugar se refieren las palabras indicadas.

1. **Allí** había alguien que se metía en las casas para robar.

2. **Ellos** lo confundieron con un ladrón.

3. **Ellos** fueron **allí** en secreto porque no querían que nadie supiera.

4. **Él** estaba cansado y se durmió **allí**.

5. Cuando **lo** capturaron, **les** dijo que necesitaba descansar.

√ ¿Qué piensas?

1. ¿La policía de esa área era ineficiente o la calle era demasiado oscura? ¿Hay alguna calle muy oscura en tu ciudad?

2. ¿Quiénes estaban cansados en la historia? ¿De qué estaban cansados? ¿Qué haces tú cuando estás cansado?

3. ¿Quiénes estaban preocupados en la historia? ¿Cuál era el motivo? ¿Qué haces tú cuando estás preocupado?

Memorias de un ladrón

√ El ladrón le contó esta historia a su abogado. Lee la historia y escribe un argumento de defensa como si fueras el (la) abogado(a) defensor(a) del ladrón.

Era una noche muy oscura, y la familia de la casa más oscura de la calle, salió de la casa para ir al cine. Mientras ellos estaban en el cine, yo entré en la casa. Yo estaba muy cansado de tanto robar. Por eso, entré en la cocina y descansé unos minutos. Quería una bebida. Busqué un refresco en la nevera, pero el refresco estaba demasiado frío así que me decidí por una taza de chocolate caliente. Bebí el chocolate y después estaba más cansado.

Quería descansar así que busqué una cama. Me acosté en una cama grande, pero era muy dura. Entonces me acosté en una camita muy cómoda, y muy pronto, me dormí. Mientras dormía, la familia volvió a casa y llamó a la policía. Cuando me capturaron les dije que estaba muy cansado. El policía me llevó a prisión y me dijo: *"No te preocupes. Ahora vas a tener bastante tiempo para descansar"*. ¡En prisión, descansé durante ocho años!

El argumento legal

____

____

____

____

____

____

____

____

____

____

____

____

____

____

____

Mini-lectura cultural: Al compás del candombe*

(To the beat of the candombe)

El candombe es un ritmo musical característico de Uruguay, más precisamente de Montevideo, capital de Uruguay. Se usan tres tambores de madera de diferentes medidas, cada uno con un sonido diferente.

Si bien el candombe tiene **raíces**[1] africanas y comenzó a usarse en la época colonial cuando los esclavos eran capturados. Es en Montevideo donde **se asentó**[2] y se desarrolla desde hace muchos años. En el Barrio Sur de esta ciudad, los domingos por las noches se reúnen los tambores en una esquina oscura y entonces puede escucharse desde lejos "el compás del tambor". Su ritmo es contagioso y hace bailar a todos. Ningún uruguayo puede quedarse quieto mientras escucha el candombe. Ellos aplauden y bailan al compás de la música.

Este ritmo es parte importante de la cultura uruguaya y su sonido está en todas las celebraciones, desde el Carnaval hasta en fiestas familiares sin olvidar el tradicional Desfile de Llamadas, cuando **decenas**[3] de tambores recorren las calles acompañados de bailarines vestidos con ropas muy coloridas. Los bailes siguen hasta la **madrugada**[4] porque el ritmo del candombe **vence**[5] a cualquier cansancio. Los vecinos salen a las calles para ver de cerca a los tambores y pueden dejar las puertas de sus casas abiertas porque ningún ladrón entrará. Es día de fiesta y alegría.

En la actualidad el ritmo del candombe se fusiona con otros ritmos tales como el rock, el jazz o la música popular uruguaya así como también puede notarse su influencia en otros géneros musicales **rioplatenses**[6] como el tango y la milonga.

[1]roots [2]was established [3]tens (by 10's) [4]dawn [5]conquers, overcomes [6]native to the River Plate

√ Corrige las siguientes frases falsas.

1. El candombe es una enfermedad que se asentó en Uruguay.

2. Se usan tres instrumentos para hacer el compás del candombe.

3. El candombe tiene raíces de un árbol.

4. Durante el Desfile de Llamadas la gente cierran las puertas porque hay mucha violencia en Uruguay.

5. El candombe le molesta a la gente.

Mini-cuento D

pisaba	**un vecino**	**ya basta**
tenía mucho valor	**tiraba/tiró**	**aplastaba/aplastó**

Conocí a una mujer muy rica que se llamaba Sharon. Sharon y su esposo Esteban trabajaban como dobles en películas y los dos tenían mucho valor. Tenían valor para hacer escenas de riesgo y tenían valor para hablar con las maestras de sus hijos (que se sacaban notas muy bajas en la escuela). Sharon y Esteban tenían un vecino que era muy molesto. Los esposos tenían problemas con su vecino. Por la noche, el vecino tocaba la guitarra y cantaba fuerte mientras Sharon y Esteban querían dormir. Sharon y Esteban no podían dormir, pero no tenían el valor de decirle al vecino: *"¡Ya basta!"*.

Durante el día, el vecino pisaba el jardín de Sharon y además, aplastaba las flores del jardín de Sharon con los pies mojados. Sharon y Esteban querían hablarle, pero no tenían el valor de decirle al vecino: *"¡Ya basta!"*. Un día, Sharon plantó unas rosas de $100 dólares cada planta y el vecino las pisó. Sharon le tiró una foto de las flores que el vecino aplastó. El vecino hizo un **cuadro**[1] con la foto de las flores aplastadas y lo puso en la puerta de su garaje. Sharon no tuvo el valor de decirle: *"¡Ya basta!"*. Otro día, Esteban dejó una caja muy cara en el jardín, y el vecino manejó su 4x4 y aplastó la caja. Esteban no tuvo el valor para decirle: *"¡Ya basta!"*, pero le tiró una foto de la caja aplastada en el jardín. El vecino pisó la foto, pero no la aplastó. La miró e hizo otro cuadro al lado de la foto de las flores aplastadas.

A la semana siguiente, Sharon y su esposo hicieron una fiesta para 50 personas. Compraron 100 vasos de papel y los pusieron en la mesa del jardín. El vecino tiró los vasos por todo el jardín y después los aplastó con la bicicleta. Los pisó uno por uno varias veces y los aplastó bien mientras se reía. Entonces, Sharon y Esteban tuvieron *valor y le dijeron: "¡Ya basta!". Fueron a la casa del vecino y le gritaron: "¡Ya basta! Estamos cansados. Queremos dormir y tú tocas la guitarra toda la noche. Regamos el pasto y tú lo pisas y lo aplastas. Plantamos flores carísimas y tú las pisas y las aplastas. Compramos vasos de papel para nuestros amigos y tú los tiras, los pisas y los aplastas. ¡Eres el peor vecino del mundo!".* El vecino sólo se rió. Por fin Sharon le tiró un jamón grande a la ventana del vecino. El jamón rompió la ventana y tiró la **torta**[2] que estaba en la mesa de la cocina del vecino. El vecino se puso a llorar. Sharon le pidió disculpas, pero vio que el vecino... LLORABA DE RISA mientras decía: *"Hay una cámara escondida. Este es un chiste del programa de Ashton Kutcher".*

[1]**frame** [2]**cake**

¿A quién se refieren?

√ Escribe el nombre del personaje de la historia correspondiente al lado de cada oración.

1. Actuaban en películas. ____________________
2. Molestaba día y noche. ____________________
3. Plantó rosas muy caras. ____________________
4. Tenían bajas calificaciones. ____________________
5. Hizo cuadros con fotos. ____________________
6. Organizaron una reunión. ____________________
7. Era muy malo. ____________________
8. Pidió disculpas. ____________________
9. Lloraba de risa. ____________________
10. Fueron "Punk'd". (Les hicieron una broma a ellos.) ____________________

√ ¿Falso o verdadero?

1. _____ Sharon y Esteban tenían valor para hablar con su vecino.
2. _____ Al final, Sharon y Esteban tenían valor de decirle: *"¡Ya basta!"*.
3. _____ El vecino les pidió disculpas.
4. _____ El vecino era un delincuente.
5. _____ Sharon tenía mucho dinero.

√ ¿Qué piensas?

1. ¿Para qué cosas tenían valor Sharon y Esteban? ¿Para cuáles no tenían valor? ¿Para qué cosas tienes valor tú?

2. ¿Qué opinas de programas como Punk'd?

La carta de Sharon y Esteban

√ **Antes de la fiesta, Sharon le escribió una carta al vecino. Lee la carta y les escribe una respuesta como si fueras el vecino.**

Estimado Vecino:

Nosotros estamos cansados de su actitud. Ud. toca la guitarra toda la noche y nosotros no podemos dormir. Trabajamos como dobles en películas y hacemos escenas de riesgo. Para esto, tenemos que descansar, pero no descansamos de noche porque Ud. hace mucho ruido.

Además de eso, Ud. no respeta nuestro jardín. Un día, Ud. aplastó las flores que plantamos y que eran muy caras. Otro día, aplastó una caja muy cara que pusimos en el jardín con su 4x4. Le mandamos fotos de las flores y de la caja, pero Ud. no pidió disculpas.

No tenemos problemas con nuestros otros vecinos y no queremos tener problemas con Ud. Por esto, le pedimos que cambie su actitud con nosotros.

Le agradecemos su tiempo.

Sharon y Esteban

Mini-lectura cultural: Cámaras escondidas

Las cámaras escondidas u ocultas se emplean en muchos programas de televisión en Latinoamérica. Muchos programas de entretenimientos o de humor usan cámaras ocultas. A veces **les hacen bromas**[1] a famosos y luego de ponerlos nerviosos, cuando ya se están desesperando, les dicen la verdad, que es una cámara oculta para un programa de televisión.

También estas cámaras son muy usadas en el periodismo para descubrir temas importantes de corrupción aunque no tienen mucho valor ante un juez. Hay programas exclusivos de investigación con cámaras ocultas, donde se han descubierto desde ladrones hasta vecinos nerviosos que se quejan de otros vecinos.

En Internet se pueden ver chistes o bromas hechas con cámaras ocultas. En Perú se usa bastante esta cámara en programas de entretenimientos. En Argentina también se han visto cámaras ocultas en programas de entretenimientos o shows de larga duración como Gran Hermano, donde la cámara **graba**[2] todo el día a los participantes. También se hace trabajos periodísticos serios usando este tipo de cámara, aunque para muchos no está bien hacer estas filmaciones sin el consentimiento de la persona filmada.

Hace unos años, las bromas hechas con cámaras escondidas eran esperadas con ansiedad frente al televisor, sobre todo por los adolescentes. Pero fueron usadas durante tanto tiempo, que en la actualidad les interesa a muy pocos espectadores. Cuando en Latinoamérica aparece un nuevo programa con cámaras ocultas, escondidas o indiscretas, muchas personas dicen ¡Ya basta! y apagan el televisor o cambian de canal.

[1]play jokes on them **[2]record**

√ ¿Qué piensas?

1. ¿Para qué se usa la cámara oculta en Latinoamérica? ¿En qué situaciones es bueno su uso y en cuáles no?

2. ¿Qué uso de la cámara divierte a los adolescentes latinoamericano? ¿Y a ti?

3. ¿Por qué no le atrae a las personas la cámara oculta en la actualidad? ¿Te pasa lo mismo a ti?

4. ¿A veces **les haces bromas** a tus amigos o familiares? ¿Cómo son las bromas?

La criada heroína

La criada o la malcriada: Un resumen

Emelia era una criada floja. No limpiaba bien y miraba muchas telenovelas. Un día, mientras barría el piso, su escoba se cayó y rompió una estatua antigua. Emelia recogió los pedazos y los llevó a un taller de reparaciones. Era muy caro repararlo, así que Amelia los llevó a casa, los metió en la tierra y sembró una planta por encima.

La criada heroína

Después de regar bien la planta exótica, Amelia volvió a la casa y siguió mirando la tele. En la televisión, había una serie que Amalia nunca había visto y que se llamaba Criminales Peligrosos. En el programa había un ladrón que tenía ojos muy crueles y parecía peligroso. Un día, el ladrón entró silenciosamente en una casa. Tenía puesta una gorra negra. También llevaba puesta una camisa negra y pantalones negros. Robó una estatua que era muy valiosa y se la llevó en una bolsa.

Cuando terminó el programa, Amelia pensó en lo que había visto y, aunque ella tenía mucho valor, la serie le dio miedo y empezó a temblar: *"No quiero que ese hombre me mire"*, pensó. Después, pensó: *"No quiero que la familia sepa que rompí la estatua ni quiero perder mi trabajo"*. La serie también le dio una idea. Generalmente no le mentía a su jefe, pero no quería perder su trabajo así que recordó los detalles del programa e inventó un plan.

Amelia pasó por toda la casa y tiró muchas cosas al suelo y aplastó algunas cajas después de tirarlas. Parecía que había pasado un terremoto. Después, estaba muy cansada y decidió descansar un poquito. Pero mientras descansaba, se durmió. Mientras dormía, un ladrón entró en la casa. El ladrón tenía una bolsa y llevaba ropa negra, exactamente igual que el ladrón del programa. La casa estaba muy oscura y el ladrón no vio lo desordenada que estaba la casa en la oscuridad. Aunque caminaba silenciosamente y pisaba muy cuidadosamente, se tropezó y se cayó sobre el sofá donde descansaba Amelia. Al caer, golpeó la mejilla de Amelia con el brazo. A pesar de estar dormida Amelia reaccionó instintivamente y **mordió**[1] al ladrón.

Con mucho dolor, el ladrón empezó a gritar fuertemente. Un vecino escuchó los gritos y llamó a la policía. Después de un rato, la casa estaba rodeada por la policía. El ladrón corrió fuera de la casa gritando: *"¡Ya basta, no me muerdas más!"*. Al instante, la policía capturó al ladrón. Los gritos despertaron a Amelia, quien salió de la casa y vio a la policía y también a los dueños de la casa. Amelia estaba asustada. Los policías le dijeron: *"No te preocupes, ya capturamos al ladrón. Tienes mucho valor"*.

Todos en la familia le dijeron: *"¡Gracias, Amelia, por capturar al ladrón! ¿Te gustaría ir a Hawai con nosotros para celebrarlo?"*. Con una sonrisa, Amelia les dijo: *"¡Claro que sí!"*, y el dueño le dio un beso en la mejilla.

Ella pasó su cumpleaños muy bien el la playa de Waikiki con una bebida tropical en la mano. La familia nunca supo lo que pasó con la estatua, y estaba tan agradecida con Amelia que ella nunca tuvo que volver a trabajar y nunca le mintió más a la familia.

[1]**bit**

Capítulo ocho

√ Ordena los eventos según la historia completa de Amelia, la criada.

____ A. Amelia llevó los pedazos al taller de reparaciones.

____ B. Amelia celebró su cumpleaños en la playa de Waikiki.

____ C. El vecino llamó a la policía.

____ D. Amelia vio Criminales Peligrosos.

____ E. La escoba se cayó y golpeó la estatua.

____ F. Entró el ladrón en la casa.

____ G. Amelia se despertó.

____ H Amelia sembró una planta.

____ I. Una mosca aterrizó en la nariz de Amelia.

____ J. Amelia se durmió.

√ Contesta las siguientes preguntas acerca del cuento: La criada heroína.

1. ¿Cómo inventó su plan Amelia? ¿Cómo lo pensó?

2. ¿Por qué pensó el ladrón que Amelia lo pilló?

3. ¿Cómo era el ladrón?

4. ¿Qué piensas?... ¿Tiene Amelia buena o mala suerte?

5. ¿Por qué gritó el ladrón y qué pasó cuando lo hizo?

√ ¿Verdadero o Falso?

_____ 1. El ladrón tiró muchas cosas al suelo.

_____ 2. El ladrón golpeó la mejilla de Amelia a propósito.

_____ 3. Amelia mordió al ladrón mientras dormía.

_____ 4. El ladrón se escapó de la policía.

_____ 5. La casa estaba rodeada por los reporteros.

_____ 6. Todos pensaban que Amelia tenía mucho valor.

Amelia: Una heroína de 99 años

√ A Amelia la entrevistaron en un programa de televisión:

Reportero: ¿Cuál es su nombre?
Amelia: Amelia Estévez.
Reportero: ¿Cuántos años tiene?
Amelia: Voy a cumplir 99 años.
Reportero: ¿A qué se dedica?
Amelia: Soy empleada doméstica (criada).
Reportero: ¿De qué nacionalidad es?
Amelia: Boliviana.
Reportero: ¿Le gusta su trabajo?
Amelia: Si, me gusta, pero la familia es muy desordenada y a veces estoy muy cansada.
Reportero: ¿Cómo capturó al ladrón?
Amelia: En realidad, sentí un ruido muy extraño. Apagué las luces y me escondí detrás del sofá. El ladrón entró y lo golpeé con una estatua. Lamentablemente, la rompí. Después lo mordí.
Reportero: ¿Y quién llamó a la policía?
Amelia: Desde mi celular, le pedí a un vecino que los llamara porque no quería que el ladrón escuchara.
Reportero: ¿Tuvo miedo en algún momento?
Amelia: Tuve mucho miedo al principio. Por eso, empecé a temblar, pero como tengo mucho valor, decidí que iba a capturarlo.
Reportero: ¿La familia está contenta?
Amelia: Sí. Ellos están muy contentos y por eso nos vamos a ir de vacaciones. Además, les voy a pedir un aumento de sueldo.

¿Es verdad lo que dice Amelia?

√ Haz una lista de las respuestas falsas.

____

____

____

____

____

____

____

Memorias de Amelia

√ Escribe una continuación o una versión nueva del cuento "La criada heroína".

Lectura cultural

El Eco-turismo de Costa Rica

Costa Rica es uno de los países hispanos más hermosos y es conocido por su "eco-turismo". Ahora, como muchas personas están preocupadas por el medio ambiente, el eco-turismo es una buena manera de educar sobre la importancia de los árboles, animales y plantas. Muchas personas que visitan Costa Rica no van solamente para relajarse en la playa, sino que van también para aprender y apreciar la naturaleza.

El eco-turismo es una buena manera de cuidar la tierra y a sus habitantes y también de ganar dinero para el país. Hay muchos tours que puedes escoger. Algunos son perfectos para apreciar el silencio y la belleza de la naturaleza, mientras que otros son ideales para el espíritu aventurero.

Un destino muy buscado es el imponente Volcán Arenal de 1630 metros de altura ubicado en el Parque Nacional del mismo nombre. El viaje desde San José hasta el Volcán Arenal es de tres horas en autobús. Cerca de Arenal, también puedes visitar Tabacón. Tabacón es una reserva natural donde puedes sentarte y relajarte en los ríos calientes. El agua se calienta por el calor del volcán. Por la noche, cuando no hay muchas nubes, puedes ver la lava que sale poco a poco del volcán.

Otro de los paraísos ecológicos de Costa Rico es Caño Negro, un refugio donde puedes ver muchas especies de pájaros, monos, iguanas, osos perezosos, tortugas, y caimanes. Puedes hacer una excursión en barco por el río.

Monteverde es uno de los destinos más populares de Costa Rica. Cuando subes a la montaña, te encuentras entre las nubes y todo parece mágico y extraño. Es un buen sitio para montar a caballo, pasear en barco por el Lago Arenal, o simplemente caminar y admirar la naturaleza.

Si tienes ganas de volar como un pájaro o saltar como un mono en los árboles, el Canopo Tour es perfecto para ti. Hay una serie de plataformas en varios árboles, y las personas se atan a una cuerda para "volar" de árbol en árbol. ¡Es una experiencia inolvidable!

El eco-turismo es bueno y malo a la vez para los animales y las plantas de Costa Rica. Es bueno porque la tierra es más valorada por el eco-turismo que por la industria. Por lo tanto no es necesario cortar los árboles y destruir los ecosistemas de las plantas y los animales. Pero es malo porque los miles de personas que visitan los sitios populares como Monteverde, hacen mucho daño a las plantas; y obligan a los distintos animales a esconderse y a no utilizar toda la tierra que necesitan para desarrollarse como especie.

(cont'd.)

Si decides visitar un sitio de eco-turismo en Costa Rica, recuerda que es muy importante cuidar la tierra y a sus habitantes. Recuerda:

- No tires papeles o basura.
- No alimentes a los animales.
- No te salgas del camino.
- No toques a los animales ni a las plantas.
- ¡Diviértete!

El eco-turismo y tú

√ Contesta las siguientes preguntas.

1. ¿Qué actividades te parecen interesantes?

2. ¿Qué actividades te parecen aburridas?

3. ¿Qué otras recomendaciones les harías a turistas que quieran ir a hacer un tour ecológico a Costa Rica?

Glosario

acaba de… – s/he just, recently does …
acababa de cumplir – s/he just, recently completed
acompaña – s/he accompanies
acompañó – s/he accompanied
no aguantaba – s/he could not take any more
se aleja de – s/he distances him/herself from
se alejó de– s/he distanced him/herself from
el almacén – department store
apenas trabajaba – s/he hardly worked; s/he was hardly working
aplastaba – s/he crushed or squashed; s/he was squashing
aplastó – s/he crushed or squashed
aprende – s/he learns
aprendió a manejar – s/he learned to drive
¡Apúrate! – Hurry up! *(command)*
aterriza – s/he, it lands
aterrizó – s/he, it landed
ausente - absent
estaba ausente - s/he was absent
está ausente – s/he is absent
baja de peso – s/he loses weight
bajó de peso – s/he lost weight
barato(a) – cheap, inexpensive
barrer – to sweep
barría el piso – s/he swept the floor; s/he was sweeping the floor
bastante – enough, sufficient
bastante famosa – pretty famous; fairly famous
le cae bien – s/he makes a good impression on him/her
(se) cae – s/he, it falls
camina – s/he walks
caminó tres cuadras – s/he walked three blocks
cansado(a) – tired
está cansado – he is tired
estaba muy cansado – he was very tired
capturaron – they captured
la cara – face
el castigo – the punishment

le cayó bien – s/he made a good impression on him/her
(se) cayó – s/he, it fell
el cepillo de dientes – the tooth brush
chorrea – it spills
está chorreando – it is spilling
chorreó – it spilled
el cinturón de seguridad – the seatbelt
claro – clear
¡Claro que sí! – Yes, for sure!; Yes, of course!
el collar – the necklace
combina con – it matches (ex.: clothing)
combinaba con – it matched
como si fuera – as if s/he were
con permiso – literally: with permission; figuratively: expression such as“excuse me” used when trying to pass by someone
conoce – s/he knows (a person)
conocido(a) – known *(adjective)*
conoció – s/he knew; s/he met (a person)
crece –s/he, it grows
creció hasta que fue tan alto como – s/he, it grew until s/he, it was as tall as…
creía – s/he believed; s/he was believing
creyó – s/he believed
la criada – the maid, cleaning lady
cuando era joven – when I, you, he, she was young
cuidadosamente – carefully
está de mal humor – s/he is in a bad mood
estaba de mal humor – s/he was in a bad mood
está de moda – it is in style
estaba de moda – it was in style
decía – s/he said (frequently, regularly); s/he was saying
deja – s/he leaves alone
no la deja … – s/he does not let her….
déjame – leave me alone *(command)*
déjame en paz – leave me in peace *(command)*
déjame manejar – let me drive *(command)*
dejó – s/he left alone
dejó caer – s/he dropped
la dejó manejar – s/he let her drive
demasiado gordo – too fat

demasiado(a) – too, overly, excessively
descansa – s/he rests
descansó – s/he rested
desea – s/he desires or wishes
desea evitar – s/he wishes or wants to avoid
deseaba evitar – s/he wished or wanted to avoid
está desesperado – he is desperate
estaba desesperado – he was desperate
está desordenado – s/he is sloppy or messy
estaba desordenado – s/he was sloppy or messy
desordenado(a) – sloppy, messy
devolvió – s/he returned (an item)
lo devolvió – s/he returned it
se lo devolvió – s/he returned it to him/her
devuelve – s/he returns (an item)
día tras día – day after day
día tras día piensa en – day after day, s/he thinks about
dice – s/he says
dije – I said
dijo – s/he said
diría – s/he would say *(conditional)*
echaba – s/he tossed or threw; s/he was tossing or throwing
echó – s/he tossed or threw
el teléfono celular sonó – the cellular phone rang
empezó a temblar – it started to shake or tremble
empieza – s/he, it starts or begins
empuja – s/he pushes
empujaba – s/he pushed; s/he was pushing
empujó – s/he pushed
está en oferta – it is on sale
estaba en oferta - it was on sale
en vez de – instead of
engorda – s/he gains weight or gets fat
engordó – s/he gained weight or got fat
era más grande que – s/he, it was bigger than
es más grande que – s/he, it is bigger than
escalera – the stairs
la escoba – the broom
espero que no cueste mucho – I hope that it does not cost a lot *(present subjunctive)*
estuvo tan agradecida – she was so grateful
estuvo tan alegre – s/he was so happy
evita el peligro – s/he avoids the danger
evitó el peligro – s/he avoided the danger
fue a pescar – s/he went to fish; s/he went fishing
fue de compras – s/he went shopping
fui – I went
fuiste – you went
golpeaba – s/he hit; s/he was hitting
golpeó – s/he hit or struck
guardaba en una jarra – s/he stored in a jar; s/he was storing in a jar
guardó en una jarra – s/he stored in a jar
gustar – to be pleasing to
¿Te gustaría ir? – Would you like to go? *(conditional)*
había visto – s/he had seen
haría – s/he would do or would make *(conditional)*
estaba harta de – s/he was fed up with
¿Has visto… ? – Have you seen… ?
he visto – I have seen
no le hace caso – s/he ignores him/her

no le hizo caso – s/he ignored him/her
hizo – s/he did or made
iba – s/he went (regularly); s/he was going
iba a cumplir los quince años – s/he was going to be fifteen years old
iba a ir – s/he was going to go
jala– s/he pulls
jaló con toda la fuerza – s/he pulled with all of his/her strength
justo(a) - fair
un ladrón – a thief
lágrimas - tears
las monedas – the coins
le dio el castigo – s/he gave him/her the punishment
le cae bien – s/he makes a good impression on him/her
le cayó bien – s/he made a good impression on him/her
le da el castigo – s/he gives him/her the punishment
le dolía – it hurt him/her
le duele – it hurts him/her
le falta – s/he lacks (it is lacking to him/her)

le faltaba – s/he lacke; it was lacking to him/her
le pide – s/he asks for or request of him/her
le pide un deseo – s/he asks for or requests a wish
le pidió ayuda – s/he requested or asked for help from him/her
le pidió un deseo – s/he asked him/her for a wish; s/he requested a wish from him/her
le pidió una cita – s/he asked him/her for a date
le pone – s/he puts on him
le presta – s/he lends to him/her
le puso un yeso – s/he put a cast on him/her
le quedó bien – it fit him/her well
le regala – s/he gives (a gift or present)
le regaló un collar – s/he gave him/her a neck-lace
le sale bien – it turns out well for him/her
le sale un grano – a pimple (zit) pops out; s/he gets a zit
le salió bien – it turned out well for him/her
le salió un grano – a pimple (zit) popped out; s/he got a zit
le salva la vida – s/he saves his/her life
le salvó la vida – s/he saved his/her life
le suplica – s/he implores or begs
le suplicó – s/he implored or begged
lejos – far
llevaba puesto un abrigo – s/he was wearing a coat
lo atrapa – s/he trapped him/it
lo atrapó – s/he trapped him/it
lo devolvió – s/he returned it
lo encontró – s/he found it
lo encuentra – s/he finds it
lo golpea – s/he hits him/it
lo golpeó – s/he hit him/it
lo más pronto possible – as soon as possible
lo sacudió – s/he shook it/him
los zapatos con tacones altos – high-heeled shoes
la mala noticia – the bad news
maneja cuidadosamente – s/he drives carefully
más despacio que... – more slowly than...
la mejilla – the cheek
está mejor – s/he, it is better
estaba mejor – s/he, it was better
mentía – s/he lied; s/he was lying
la misma – the same
molestaba – s/he bothered; s/he was bothering
la mosca - the fly
está muy agradecida – she is very grateful
no besaba en la primera cita – s/he didn't kiss on the first date
no era justa(o) – it was not fair
no es justa(o) – it is not fair
no la deja... – s/he does not let her...
no la dejó ir – s/he did not let her go
no la obedece – s/he does not obey her
no le hizo caso – s/he ignored him/her
no lo dejó entrar – s/he did not let him enter
no me mires – do not look at me *(negative command)*
no me toques – do not touch me *(negative command)*
no me hables – do not talk to me (negative command)
no podía comprar – s/he was not able to buy
no puede – s/he is not able
no quiso – s/he did not want; s/he refused
no te preocupes – Don't worry. *(command)*
nunca había visto – s/he had never seen
nunca supo – s/he never knew (a fact)
obedeció – s/he obeyed
oía – s/he heard (frequently); s/he was hearing
olvidó –s/he forgot
oscuro(a) – dark
oigo – I hear
oye – s/he hears
oí – I heard
oyó – s/he heard
parece – s/he, it seems or looks like
parecía – s/he, it seemed or looked like
pareció – s/he, it seemed or looked like (at that moment)
peleaban – they were fighting
la película era espantosa – the movie was scary
el peligro – the danger
pensaba en... – s/he was thinking about
perdió – s/he lost (something)
perdió la razón – s/he lost his/her reasoning or mind
persiguió – s/he chased or pursued
pertenecía – it belonged to
iba a pescar – s/he went/was going fishing

pide – s/he asks or requests
pidió – s/he asked or requested
pierde – s/he loses (something)
pisaba – s/he stepped on, was stepping on
pisar – to step (on)
piso – floor
por todas partes oye – s/he hears all over, all around
prefiere que te quedes – s/he prefers that you stay *(present sunjunctive)*
prende – s/he starts (an engine or fire)
estaba preocupada – she was worried
presta – s/he lends
él le prestó su coche – he lent him his car
pudo respirar – s/he was able to breathe
¡Qué desgracia! – How disgraceful!
¿Qué dirías? – What would you say
¿Qué harías? – What would you do?
queda lejos – it is far away
quedó lejos – it was far away
quería – I, you, s/he wanted
quería pelear – s/he wanted to fight
quería salir – s/he wanted to leave
quiere que crezca – s/he wants that it grows
no quiere que él vaya – s/he does not want that he goes *(present subjunctive)*
quiere salir – s/he wants to leave
no quiero – I do not want
no quiero que me mires – I do not want that you look at me *(present subjunctive)*
no quiero que sepan – I do not want that they know *(present subjunctive)*
quiero – I want
quiero que me acompañes – I want that you accompany (go with) me *(present subjunctive)*
quiero que salga – I want that s/he leaves *(present subjunctive)*
quiso – s/he wanted (at that moment)
no quiso – s/he did not want; s/he refused
el refresco chorreó – the drink or refreshment spilled
regaba – s/he watered (a plant); s/he was watering
regó – s/he watered (a plant)
rema – s/he rows (a boat)
remó al medio – s/he rowed to the middle
respeta – s/he respects
respetaba – s/he respected or was respecting
respetó la velocidad máxima– s/he respected the speed limit
estaba rodeada – s/he, it was surrounded
está roto – it is broken
estaba roto – it was broken
sabía – s/he knew (a fact)
sala de estar – waiting room
sale – s/he leaves (a place)
salió – s/he left (a place)
salió del almacén – s/he left the department store
la saludó – s/he greets her
la saluda – s/he greeted her
la saludaron – they greeted her
salva – s/he saves (from death or harm)
salvó – s/he saved (from death or harm)
se (le) acerca – s/he approaches him/her
se (le) acercó – s/he approached him/her
se aleja de – s/he distances him/herself from
se alejó de – s/he distanced him/herself from
se apura – s/he hurries
se apuró – s/he hurried
se arregló – s/he got ready or prepared
se asusta – s/he gets startled
se asustó – s/he got startled
se choca – s/he, it crashes into
se chocó – s/he crashed into
se da cuenta – s/he realizes
se da mucha prisa – s/he hurries a lot
se desmaya – s/he faints
se desmayó – s/he fainted
se dio cuenta – s/he realized
se dio mucha prisa – s/he hurried a lot
se divierte – s/he enjoys or has fun
se divirtió – s/he enjoyed or had fun
se enamoró – s/he fell in love
se enamoró a primera vista – s/he fell in love at first sight
se enoja – s/he gets angry
se enojó – s/he got angry
se hace muy larga – it gets or becomes very long
se hacía muy larga – it got or became very long
se hunde – s/he, it sinks
se hundió – s/he, it sank

se lastima – s/he hurts him/herself
se lastimó – s/he hurt him/herself
se llenan... – they fill
se llenaron de lágrimas – they filled with tears
se lo devolvió – s/he returned it to him/her
se me olvidó – I forgot; it was forgotten to me
se mejoró – s/he, it got better, improved
se metió en un lío – s/he landed in a jam or mess; s/he got her/himself into a mess
se miró en el espejo – s/he looked at him/herself in the mirror
se negó – s/he denied or refused
se niega – s/he denies or refuses
se pierde – s/he gets lost
se pone triste – s/he gets sad
se portaba muy mal – s/he behaved badly; s/he was behaving badly
se probó – s/he tried on
se puso triste – s/he got sad
se queda – s/he stays, is staying
se quedó – s/he stayed
se queja – s/he complains
se quejó – s/he complained
se rompe – it breakes
se rompió – it broke
se sube – s/he climbs or goes up
se subió – s/he climbed or went up
se tropezó – s/he tripped
se tropieza – s/he trips
se vistió – s/he dressed, got dressed
se volvió loco – s/he went crazy
se vuelve loco – s/he goes crazy
sembró una planta – s/he planted a plant
la señal de tránsito – the traffic sign
siguió mirando – s/he continued looking
sin embargo – nevertheless
sobrevive – s/he survives
sobrevivió – s/he survived
sonar – to ring or sound
soñar con – to dream about
sonó – it sounded or rang
soñó con – s/he dreamed about
subió la escalera – s/he went up the stairs
suda – s/he sweats or perspires
sudaba – s/he was sweating or perspiring
sueña con – s/he dreams about
supo – s/he knew (a fact at that moment)
taller – shop or small store
taller de reparaciones – repair shop
está tan alegre – s/he is so happy
tan alto como – as tall as
tan maquillada como un payaso – as made up (with makeup) as a clown
tanto dinero como – as much money as
¿Te gustaría ir? – Would you like to go? *(conditional)*
telenovela – soap opera
tenía ganas – s/he felt like
tenía mucho valor – s/he had a lot of valor, bravery or guts
tenía que trabajar – s/he had to work
tenía una lancha – s/he had a boat
terremoto – earthquake
tiene ganas – s/he feels like
tiene una lancha – s/he has a boat
la tierra – the ground
tira – s/he throws
tiraba – s/he threw; s/he was throwing
tiró – s/he threw
trabajaba – s/he worked; s/he was working
trata de – s/he tries (to do something)
trató de impresionar – s/he tried to impress
trepa – s/he hikes
trepaba – s/he was hiking
trepó a la cima – s/he hiked to the top or to the summit
una entrada gratis – a free ticket
una sonrisa – a smile
va a pescar – s/he goes fishing
el vecino – the neighbor
el vestido – the dress
visto – seen
volvió la cara – s/he turned his/her face
vuelve la cara – s/he turns his/her face
¡Ya basta! – Enough already! *(expression)*